Schiller
Vom Pathetischen und Erhabenen

Friedrich Schiller

Vom Pathetischen und Erhabenen

Schriften zur Dramentheorie

Herausgegeben von
Klaus L. Berghahn

Philipp Reclam jun. Stuttgart

RECLAMS UNIVERSAL-BIBLIOTHEK Nr. 18673
Alle Rechte vorbehalten
© 2009 Philipp Reclam jun. GmbH & Co., Stuttgart
Gesamtherstellung: Reclam, Ditzingen. Printed in Germany 2009
RECLAM, UNIVERSAL-BIBLIOTHEK und
RECLAMS UNIVERSAL-BIBLIOTHEK sind eingetragene Marken
der Philipp Reclam jun. GmbH & Co., Stuttgart
ISBN 978-3-15-018673-2

www.reclam.de

Was kann eine gute stehende Schaubühne eigentlich wirken?

Eine Vorlesung, gehalten zu Mannheim in der öffentlichen Sizung der kurpfälzischen deutschen Gesellschaft am 26sten des Junius 1784. von F. Schiller, Mitglied dieser Gesellschaft, und herzogl. Weimarischen Rath.

Wenn uns der natürliche Stolz – so nenne ich die erlaubte Schäzung unsers eigenthümlichen Werths – in keinem Verhältniß des bürgerlichen Lebens verlassen soll, so ist wohl das erste dieses, daß wir uns selbst zuvor die Frage beantworten, ob das Geschäft, dem wir jezt den besten Theil unsrer Geisteskraft hingeben, mit der Würde unsers Geists sich vertrage, und die gerechten Ansprüche des Ganzen auf unsern Beitrag erfülle. Nicht immer blos die höchste Spannung der Kräfte – nur ihre edelste Anwendung kann Größe gewähren. Je erhabner das Ziel ist, nach welchem wir streben, je weiter je mehr umfassend der Krais, worinn wir uns üben, desto höher steigt unser Muth, desto reiner wird unser Selbstvertrauen, desto unabhängiger von der Meinung der Welt. Dann nur, wenn wir bei uns selbst erst entschieden haben, was wir sind, und was wir nicht sind, nur dann sind wir der Gefahr entgangen, von fremdem Urtheil zu leiden – durch Bewunderung aufgeblasen, oder durch Geringschäzung faig zu werden.

Woher kommt es denn aber – diese Bemerkung hat sich mir aufgedrungen, seitdem ich Menschen beobachte – woher kommt es, daß der Amtsstolz so gern im entgegengesezten Verhältniß mit dem wahren Verdienste steht? Daß die Meisten ihre Anfoderungen an die Achtung der Gesellschaft in eben dem Grade verdoppeln, in welchem sich ihr Einfluß auf dieselbe vermindert? – Wie bescheiden erscheint nicht oft der Minister, der das Steuerruder des Landes führt, und das große System der Regierung mit Riesenkraft wälzt, neben dem kleinen Histrionen, der seine Verordnungen zu Papier bringt – wie bescheiden der große Gelehrte, der die Gränzen des menschlichen Denkens erweiterte, und die Fackel der Aufklärung über Welttheilen schimmern ließ, neben dem dumpfen Pedanten, der seine Quartbände hütet? – Man verurtheilt den jungen Mann, der gedrungen von innrer Kraft, aus dem engen Kerker einer Brodwissenschaft heraustritt, und dem Rufe des Gottes folgt, der in ihm ist? – Ist das die Rache der kleinen Geister an dem Genie, dem sie nachzuklimmen verzagen? Rechnen sie vielleicht ihre Arbeit darum so hoch an, weil sie ihnen so sauer wurde? – Trockenheit, Ameisenfleiß und gelehrte Taglöhnerei werden unter den ehrwürdigen Namen Gründlichkeit, Ernst und Tiefsinn geschäzt, bezahlt und bewundert. Nichts ist bekannter, und nichts gereicht zugleich der gesunden Vernunft mehr zur Schande, als der unversöhnliche Haß, die stolze Verachtung, womit Fakultäten auf freie Künste heruntersehen – und diese Verhältnisse werden forterben, bis sich Gelehrsamkeit und Geschmack, Wahrheit und Schönheit, als zwo versöhnte Geschwister umarmen.

Es ist leicht einzusehen, in wie fern diese Bemerkung mit der Frage zusammenhängt: »**Was wirkt die Bühne?**« – Die höchste und lezte Foderung, welche der Philosoph und Gesezgeber einer öffentlichen Anstalt nur machen können, ist Beförderung allgemeiner Glückseligkeit. Was die Dauer des physischen Lebens erhält, wird immer sein erstes Augenmerk seyn; was die Menschheit innerhalb ihres Wesens veredelt, sein höchstes. **Bedürfniß des Thiermenschen** ist älter und drängender – **Bedürfniß des Geistes** vorzüglicher, unerschöpflicher. Wer also unwidersprechlich beweisen kann, daß die Schaubühne Menschen- und Volksbildung wirkte, hat ihren Rang neben den ersten Anstalten des Staats entschieden.

Die dramatische Kunst sezt mehr voraus, als jede andre von ihren Schwestern. Das höchste Produkt dieser Gattung ist vielleicht auch das höchste des menschlichen Geistes. Das System der körperlichen Anziehung und Shakespears Julius Cesar – es steht dahin, ob die Zunge der Waage, worinn höhere Geister die menschlichen wägen, um einen mathematischen Punkt überschlagen wird. Wenn diß entschieden ist – und entschied nicht der unbestechlichste Richter, die Nachwelt? – warum sollte man nicht vor allen Dingen dahin beflissen seyn, die Würde einer Kunst außer Zweifel zu sezen, deren Ausübung alle Kräfte der Seele, des Geistes und des Herzens beschäftigt? – Es ist Verbrechen gegen sich selbst, Mord der Talente, wenn das nämliche Maas von Fähigkeit, welches dem höchsten Interesse der Menschheit würde gewuchert haben, an einem minder wichtigen Gegenstand undankbar verschwendet wird. Ist es wirklich noch zweifelhaft, ob du vom Himmel herabstammst, sind alle deine gepralten Einflüsse wirklich nur schöne Schimären deiner Bewunderer, ist die Menschheit nicht deine Schuldnerin – o so zerreiße deinen unsterblichen Lorbeer, Thalia, laß deine Posaune von ihr schweigen, ewige Fama! – Jene bewunderte Iphigenia war nichts als ein schwacher Augenblick ihres Schöpfers, der seiner Würde vergaß – der gepriesene Hamlet nichts als eine Majestätsverletzung des Dichters gegen den himmlischen Genius.

Ueber keine Kunst ist – so viel ich weiß – mehr gesagt und geschrieben worden, als über diese; über keine weniger entschieden. Die Welt hat sich hier, mehr als irgendwo, in Vergötterung und Verdammung getheilt, und die Wahrheit gieng verloren durch Uebertreibung. Der härteste Angriff, den sie erleiden mußte, geschah von einer Seite, wo er nicht zu erwarten war. – Der Leichtsinn, die Frechheit, auch selbst die Abscheulichkeit derer die sie ausüben, kann der Kunst selbst nicht zur Last fallen. Die meisten eurer dramatischen Schilderungen, und selbst die am meisten gepriesenen, was sind sie anders, spricht man, als feine versteckte Giftmischerei, künstlich aufgepuzte Laster, weichliche oder großsprechende Tugenden? – Eure Repräsentanten der Menschheit, eure Künstler und Künstlerinnen, wie oft Brandmark des Namens den sie tragen, Parodien ihres geweihten Amtes, wie oft Auswurf der Menschheit? Eure gerühmte Schule der Sitten, wie oft nur die lezte Zuflucht des gesättigten Luxus? ein Hinterhalt des Muthwillens und der Satyre? Wie oft diese hohe göttliche Thalia eine Spaßmacherin des Pöbels, oder Staubleckerin an sehr kleinen Thronen? – Alle diese Ausrufungen sind unwiderleglich wahr, doch trift keine einzge die Bühne. Christus Religion war das Feldgeschrei, als man Amerika entvölkerte – Christus Religion zu verherrlichen mordeten Damiens und Ravaillac, und schoß Karl der Neunte auf die fliehenden Hugenotten zu Paris. – Wem aber wird es einfallen, die sanftmüthigste der Religionen einer Schandthat zu bezüchtigen, von der auch die rohe Thierheit sich feierlich lossagen würde?

Eben so wenig darf die Kunst es entgelten, daß sie in Europa nicht ist, was sie in Asien war, im achtzehnten Jahrhundert nicht ist, was unter Aspasia und Perikles. Genug für sie, daß sie es **damals** gewesen, und daß die Nation, bei welcher sie blühte, noch jezt unser Muster ist – Aber ich schreite zur Untersuchung selbst.

***

Ein allgemeiner unwiderstehlicher Hang nach dem neuen und außerordentlichen, ein Verlangen, sich in einem leidenschaftlichen Zustande zu fühlen, hat, nach Sulzers Ausdruck, die Bühne hervorgebracht. Erschöpft von den höhern Anstrengungen des Geistes, ermattet von den einförmigen, oft niederdrückenden Geschäften des Berufs, und von Sinnlichkeit gesättigt, mußte der Mensch eine Leerheit in seinem Wesen fühlen, die dem ewigen Trieb nach Thätigkeit zuwider war. Unsre Natur, gleich unfähig, länger im Zustand des Thiers fortzudauren, als die feinern

Arbeiten des Verstands fortzusezen, verlangte einen mittleren Zustand, der beide widersprechenden Enden vereinigte, die harte Spannung zu sanfter Harmonie herabstimmte, und den wechselsweisen Uebergang eines Zustands in den andern erleichterte. Diesen Nuzen leistet überhaupt nun der ästhetische Sinn, oder das Gefühl für das Schöne. Da aber eines weisen Gesezgebers erstes Augenmerk seyn muß, unter zwei Wirkungen die höchste heraus zu lesen, so wird er sich nicht begnügen, die Neigungen seines Volks nur entwaffnet zu haben; er wird sie auch, wenn es irgend nur möglich ist, als Werkzeuge höherer Plane gebrauchen, und in Quellen von Glückseligkeit zu verwandeln bemüht seyn, und darum wählte er vor allen andern die Bühne, die dem nach Thätigkeit dürstenden Geist einen unendlichen Krais eröfnet, jeder Seelenkraft Nahrung gibt, ohne eine einzige zu überspannen, und die Bildung des Verstands und des Herzens mit der edelsten Unterhaltung vereinigt.

Derjenige, welcher zuerst die Bemerkung machte, daß eines Staats festeste Säule Religion sei – daß ohne sie die Geseze selbst ihre Kraft verlieren, hat vielleicht, ohne es zu wollen oder zu wissen, die Schaubühne von ihrer edelsten Seite vertheidigt. Eben diese Unzulänglichkeit, diese schwankende Eigenschaft der politischen Geseze, welche dem Staat die Religion unentbehrlich macht, bestimmt auch den ganzen Einfluß der Bühne. Geseze, wollte er sagen, drehen sich nur um verneinende Pflichten – Religion dehnt ihre Foderungen auf wirkliches Handeln aus. Geseze hemmen nur Wirkungen die den Zusammenhang der Gesellschaft auflösen – Religion befiehlt solche, die ihn inniger machen. Jene herrschen nur über die offenbaren Aeusserungen des Willens, nur Thaten sind ihnen unterthan – diese sezt ihre Gerichtsbarkeit bis in die verborgensten Winkel des Herzens fort, und verfolgt den Gedanken bis an die innerste Quelle. Geseze sind glatt und geschmeidig, wandelbar wie Laune und Leidenschaft – Religion bindet streng und ewig. Wenn wir nun aber auch voraussezen wollten, was nimmermehr ist – wenn wir der Religion diese große Gewalt über jedes Menschenherz einräumen, wird sie oder kann sie die ganze Bildung vollenden? – Religion (ich trenne hier ihre politische Seite von ihrer göttlichen) Religion wirkt im Ganzen mehr auf den sinnlichen Theil des Volks – sie wirkt vielleicht durch das Sinnliche allein so unfehlbar. Ihre Kraft ist dahin, wenn wir ihr dieses nehmen – und wodurch wirkt die Bühne? Religion ist dem größern Theile der Menschen nichts mehr, wenn wir ihre Bilder, ihre Probleme vertilgen, wenn wir ihre Gemählde von Himmel und Hölle zernichten – und doch sind es nur Gemählde der Phantasie, Räzel ohne Auflösung, Schreckbilder und Lockungen aus der Ferne. Welche Verstärkung für Religion und Geseze, wenn sie mit der Schaubühne in Bund treten, wo Anschauung und lebendige Gegenwart ist, wo Laster und Tugend, Glückseligkeit und Elend, Thorheit und Weißheit in tausend Gemählden faßlich und wahr an dem Menschen vorübergehen, wo die Vorsehung ihre Räzel auflößt, ihren Knoten vor seinen Augen entwickelt, wo das menschliche Herz auf den Foltern der Leidenschaft seine leisesten Regungen beichtet, alle Larven fallen, alle Schminke verfliegt, und die Wahrheit unbestechlich wie Rhadamanthus Gericht hält.

Die Gerichtsbarkeit der Bühne fängt an, wo das Gebiet der weltlichen Geseze sich endigt. Wenn die Gerechtigkeit für Gold verblindet, und im Solde der Laster schwelgt, wenn die Frevel der Mächtigen ihrer Ohnmacht spotten, und Menschenfurcht den Arm der Obrigkeit bindet, übernimmt die Schaubühne Schwerd und Waage, und reißt die Laster vor einen schrecklichen Richterstuhl. Das ganze Reich der Phantasie und Geschichte, Vergangenheit und Zukunft stehen ihrem Wink zu Gebot. Kühne Verbrecher, die längst schon im Staub vermodern, werden durch den allmächtigen Ruf der Dichtkunst jezt vorgeladen, und wiederholen zum schauervollen Unterricht der Nachwelt ein schändliches Leben. Ohnmächtig, gleich den Schatten in einem Hohlspiegel wandeln die Schrecken ihres Jahrhunderts vor unsern Augen vorbei, und mit wollüstigem Entsezen verfluchen wir ihr Gedächtniß. Wenn keine Moral mehr gelehrt wird, keine Religion mehr Glauben findet, wenn kein Gesez mehr vorhanden ist, wird uns Medea noch anschauern, wenn sie die Treppen des Pallastes herunter wankt, und der Kindermord jezt geschehen ist. Heilsame Schauer werden die Menschheit ergreifen, und in der Stille wird jeder sein gutes Gewissen preißen, wenn Lady Makbeth, eine schreckliche Nachwandlerin, ihre Hände wäscht, und alle Wohlgerüche Arabiens herbeiruft, den häßlichen Mordgeruch zu vertilgen. Wer von uns sah ohne Beben zu, wen durchdrang nicht lebendige Glut zur Tugend, brennender Haß des Lasters, als, aufgeschröckt aus Träumen der Ewigkeit, von den Schrecknissen des nahen Gerichts umgeben, Franz von Moor aus dem Schlummer sprang, als er, die Donner des erwachten Gewissens zu übertäuben, Gott aus der Schöpfung läugnete, und seine gepreßte Brust, zum lezten Gebete vertrocknet, in frechen Flüchen sich Luft machte? – – Es ist nicht Uebertreibung, wenn man behauptet, daß diese auf der Schaubühne aufgestellten Gemählde mit der Moral des gemeinen Manns endlich in eines zusammen fließen, und in einzelnen Fällen seine Empfindung bestimmen. Ich selbst bin mehr als einmal ein Zeuge gewesen, als man seinen ganzen Abscheu vor schlechten Thaten in dem Scheltwort zusammenhäufte: Der Mensch ist ein Franz Moor. Diese Eindrücke sind unauslöschlich, und bei der leisesten Berührung steht das ganze abschröckende Kunstgemählde im Herzen des Menschen wie aus dem Grabe auf. So gewiß sichtbare Darstellung mächtiger wirkt, als toder Buchstabe und kalte Erzählung, so gewiß wirkt die Schaubühne tiefer und daurender als Moral und Geseze.

Aber hier unterstüzt sie die weltliche Gerechtigkeit nur – ihr ist noch ein weiteres Feld geöffnet. Tausend Laster, die jene ungestraft duldet, straft sie; tausend Tugenden, wovon jene schweigt, werden von der Bühne empfohlen. Hier begleitet sie die Weisheit und die Religion. Aus dieser reinen Quelle schöpft sie ihre Lehren und Muster, und kleidet die strenge Pflicht in ein reizendes lockendes Gewand. Mit welch herrlichen Empfindungen, Entschlüssen, Leidenschaften schwellt sie unsere Seele, welche göttliche Ideale stellt sie uns zur Nacheiferung aus! – Wenn der gütige August dem Verräther Cinna, der schon den tödlichen Spruch auf seinen Lippen zu lesen meint, groß wie seine Götter, die Hand reicht: »Laß uns Freunde seyn Cinna!« – Wer unter der Menge wird in dem Augenblick nicht gern seinem Todfeind die Hand drücken wollen, dem göttlichen Römer zu gleichen? – Wenn Franz von Sickingen, auf dem Wege einen Fürsten zu züchtigen und für fremde Rechte zu kämpfen, unversehens hinter sich schaut, und den Rauch aufsteigen sieht von seiner Veste, wo Weib und Kind hilflos zurückblieben, und er – weiter zieht, Wort zu halten – wie groß wird mir da der Mensch, wie klein und verächtlich das gefürchtete unüberwindliche Schicksal!

Eben so häßlich, als liebenswürdig die Tugend, mahlen sich die Laster in ihrem furchtbaren Spiegel ab. Wenn der hilflose kindische Lear in Nacht und Ungewitter vergebens an das Haus seiner Töchter pocht, wenn er sein weißes Haar in die Lüfte streut, und den tobenden Elementen erzählt, wie unnatürlich seine Regan gewesen, wenn sein wütender Schmerz zulezt in den schrecklichen Worten von ihm strömt: »Ich gab euch Alles!« – Wie abscheulich zeigt sich uns da der Undank? Wie feierlich geloben wir Ehrfurcht und kindliche Liebe! – Unsre Schaubühne hat noch eine große Eroberung ausstehen, von deren Wichtigkeit erst der Erfolg sprechen wird. Shakespears Timon von Athen ist, so weit ich mich besinnen kann, noch auf keiner deutschen Bühne erschienen, und, so gewiß ich den Menschen vor allem andern zuerst im Shakespear aufsuche, so gewiß weiß ich im ganzen Shakespear kein Stück, wo er wahrhaftiger vor mir stünde, wo er lauter und beredter zu meinem Herzen spräche, wo ich mehr Lebensweißheit lernte, als im Timon von Athen. Es ist wahres Verdienst um die Kunst, dieser Goldader nachzugraben.

Aber der Wirkungskrais der Bühne dehnt sich noch weiter aus. Auch da, wo Religion und Geseze es unter ihrer Würde achten, Menschenempfindungen zu begleiten, ist sie für unsere Bildung noch geschäftig. Das Glück der Gesellschaft wird eben so sehr durch Thorheit als durch Verbrechen und Laster gestört. Eine Erfahrung lehrt es, die so alt ist als die Welt, daß im Gewebe menschlicher Dinge oft die grösten Gewichte an den kleinsten und zärtesten Fäden hangen, und, wenn wir Handlungen zu ihrer Quelle zurückbegleiten, wir zehenmal lächeln müßen, ehe wir uns einmal entsezen. Mein Verzeichniß von Bösewichtern wird mit jedem Tage, den ich älter werde, kürzer, und mein Register von Thoren vollzähliger und länger. Wenn die ganze moralische Verschuldung des einen Geschlechtes aus einer und eben der Quelle hervorspringt, wenn alle die ungeheuren Extreme von Laster, die es jemals gebrandmarkt haben, nur veränderte Formen, nur höhere Grade einer Eigenschaft sind, die wir zulezt alle einstimmig belächeln und lieben, warum sollte die Natur bei dem andern Geschlechte nicht die nämliche Wege gegangen seyn? Ich kenne nur ein Geheimniß, den Menschen vor Verschlimmerung zu bewahren, und dieses ist – sein Herz gegen Schwächen zu schüzen.

Einen großen Theil dieser Wirkung können wir von der Schaubühne erwarten. Sie ist es, die der großen Klasse von Thoren den Spiegel vorhält, und die tausendfachen Formen derselben mit heilsamem Spott beschämt. Was sie oben durch Rührung und Schrecken wirkte, leistet sie hier, (schneller vielleicht, und unfehlbarer) durch Scherz und Satire. Wenn wir es unternehmen wollten, Lustspiel und Trauerspiel nach dem Maas der erreichten Wirkung zu schäzen, so würde vielleicht die Erfahrung dem ersten den Vorrang geben. Spott und Verachtung verwunden den Stolz des Menschen empfindlicher, als Verabscheuung sein Gewissen foltert. Vor dem Schrecklichen verkriecht sich unsre Faigheit, aber eben diese Faigheit überliefert uns dem Stachel der Satire. Gesez und Gewissen schüzen uns o f t für Verbrechen und Lastern – Lächerlichkeiten verlangen einen eigenen feinern Sinn, den wir nirgends mehr als vor dem Schauplaze üben. Vielleicht, daß wir einen Freund bevollmächtigen unsre Sitten und unser Herz anzugreifen, aber es kostet uns Mühe, ihm ein einziges Lachen zu vergeben. Unsre Vergehungen ertragen einen Aufseher und Richter, unsre Unarten kaum einen Zeugen – Die Schaubühne allein kann unsre Schwächen belachen, weil sie unsrer Empfindlichkeit schont, und den schuldigen Thoren nicht wissen will – Ohne roth zu werden sehen wir unsre Larve aus ihrem Spiegel fallen, und danken ingeheim für die sanfte Ermahnung.

Aber ihr großer Wirkungskrais ist noch lange nicht geendigt. Die Schaubühne ist mehr als jede andere öffentliche Anstalt des Staats eine Schule der praktischen Weißheit, ein Wegweiser durch das bürgerliche Leben, ein unfehlbarer Schlüssel zu den geheimsten Zugängen der menschlichen Seele. Ich gebe zu, daß Eigenliebe und Abhärtung des Gewissens nicht selten ihre beste Wirkung vernichten, daß sich noch tausend Laster mit frecher Stirne vor ihrem Spiegel behaupten, tausend gute Gefühle vom kalten Herzen des Zuschauers fruchtlos zurückfallen – ich selbst bin der Meinung, daß vielleicht Molieres Harpagon noch keinen Wucherer besserte, daß der Selbstmörder Beverlei noch wenige seiner Brüder von der abscheulichen Spielsucht zurückzog, daß Karl Moors unglückliche Räubergeschichte die Landstrassen nicht viel sicherer machen wird – aber wenn wir auch diese große Wirkung der Schaubühne einschränken, wenn wir so ungerecht seyn wollen, sie gar aufzuheben – wie unendlich viel bleibt noch von ihrem Einfluß zurück? Wenn sie die Summe der Laster weder tilgt noch vermindert, hat sie uns nicht mit denselben bekannt gemacht? Mit diesen Lasterhaften, diesen Thoren müssen wir leben. Wir müßen ihnen ausweichen oder begegnen; wir müßen sie untergraben, oder ihnen unterliegen. Jezt aber überraschen sie uns nicht mehr. Wir sind auf ihre Anschläge vorbereitet. Die Schaubühne hat uns das Geheimniß verrathen, sie ausfündig und unschädlich zu machen. Sie zog dem Heuchler die künstliche Maske ab, und entdeckte das Nez, womit uns List und Kabale umstrickten. Betrug und Falschheit riß sie aus krummen Labirinthen hervor, und zeigte ihr schreckliches Angesicht dem Tag. Vielleicht, daß die sterbende Sara nicht e i n e n Wollüstling schröckt, daß alle Gemählde gestrafter Verführung seine Glut nicht erkälten, und daß selbst die verschlagene Spielerin diese Wirkung ernstlich zu verhüten bedacht ist – glücklich genug, daß die arglose Unschuld jezt seine Schlingen kennt, daß die Bühne sie lehrte, seinen Schwüren mistrauen, und vor seiner Anbetung zittern.

Nicht blos auf Menschen und Menschenkarakter, auch auf Schicksale macht uns die Schaubühne aufmerksam, und lehrt uns die große Kunst, sie zu ertragen. Im Gewebe unsers Lebens spielen Z u f a l l und P l a n eine gleich große Rolle; den leztern lenken w i r, dem erstern müssen wir uns blind unterwerfen. Gewinn genug, wenn unausbleibliche Verhängnisse uns nicht ganz ohne Fassung finden, wenn unser Muth, unsre Klugheit sich einst schon in ähnlichen übten, und unser Herz zu dem Schlag sich gehärtet hat. Die Schaubühne führt uns eine mannichfaltige Szene menschlicher Leiden vor. Sie zieht uns künstlich in fremde Bedrängnisse, und belohnt uns das augenblickliche Leiden mit wollüstigen Thränen, und einem herrlichen Zuwachs an Muth und Erfahrung. Mit ihr folgen wir der verlassenen A r i a d n e durch das wiederhallende Naxos, steigen mit ihr in den Hungerthurm Ugolinos hinunter, betreten mit ihr das entsezliche Blutgerüste, und behorchen mit ihr die feierliche Stunde des Todes. Hier hören wir, was unsre Seele in leisen Ahndungen fühlte, die überraschte Natur laut und unwidersprechlich bekräftigen. Im Gewölbe des Towrs verläßt den betrogenen Liebling die Gunst seiner Königin – Jezt da er sterben soll, entfliegt dem geängstigten Moor seine treulose sophistische Weißheit. Die Ewigkeit entläßt einen Todten, Geheimnisse zu offenbaren, die kein Lebendiger wissen kann, und der sichere Bösewicht verliert seinen lezten gräßlichen Hinterhalt, weil auch Gräber noch ausplaudern.

Aber nicht genug, daß uns die Bühne mit Schicksalen der Menschheit bekannt macht, sie lehrt uns auch gerechter gegen den Unglücklichen seyn, und nachsichtsvoller über ihn richten. Dann nur, wenn wir die Tiefe seiner Bedrängnisse ausmessen, dörfen wir das Urtheil über ihn aussprechen. Kein Verbrechen ist schändender, als das Verbrechen des Diebs – aber mischen wir nicht alle eine Thräne des Mitleids in unsern Verdammungsspruch, wenn wir uns in den schrecklichen Drang verlieren, worinn Eduard Ruhberg die That vollbringt? – Selbstmord wird allgemein als Frevel verabscheut; wenn aber, bestürmt von den Drohungen eines wütenden Vaters, bestürmt von Liebe, von der Vorstellung schrecklicher Klostermauren, Mariane den Gift trinkt, wer von uns will der erste seyn, der über dem beweinenswürdigen Schlachtopfer einer verruchten Maxime den Stab bricht? – Menschlichkeit und Duldung fangen an der herrschende Geist unsrer Zeit zu werden; ihre Stralen sind bis in die Gerichtssäle, und noch weiter – in das Herz unsrer Fürsten gedrungen. Wie viel Antheil an diesem göttlichen Werk gehört unsern Bühnen? Sind sie es nicht, die den Menschen mit dem Menschen bekannt machten, und das geheime Räderwerk aufdeckten, nach welchem er handelt?

Eine merkwürdige Klasse von Menschen hat Ursache, dankbarer als alle übrigen gegen die Bühne zu seyn. Hier nur hören die Großen der Welt, was sie nie oder selten hören – Wahrheit; was sie nie oder selten sehen, sehen sie hier – den Menschen.

So groß und vielfach ist das Verdienst der bessern Bühne um die sittliche Bildung; kein geringeres gebührt ihr um die ganze Aufklärung des Verstandes. Eben hier in dieser höhern Sphäre weiß der große Kopf, der feurige Patriot sie erst ganz zu gebrauchen.

Er wirft einen Blick durch das Menschengeschlecht, vergleicht Völker mit Völkern, Jahrhunderte mit Jahrhunderten, und findet, wie sklavisch die größere Masse des Volks an Ketten des Vorurtheils und der Meinung gefangen liegt, die seiner Glückseligkeit ewig entgegen arbeiten – daß die reinern Stralen der Wahrheit nur wenige e i n z e l n e Köpfe beleuchten, welche den kleinen Gewinn vielleicht mit dem Aufwand eines ganzen Lebens erkauften. Wodurch kann der weise Gesezgeber die Nation derselben theilhaftig machen?

Die Schaubühne ist der gemeinschaftliche Kanal, in welchen von dem denkenden bessern Theile des Volks das Licht der Weißheit herunterströmt, und von da aus in milderen Stralen durch den ganzen Staat sich verbreitet. Richtigere Begriffe, geläuterte Grundsäze, reinere Gefühle fließen von hier durch alle Adern des Volks; der Nebel der Barbarei, des finstern Aberglaubens verschwindet, die Nacht weicht dem siegenden Licht. Unter so vielen herrlichen Früchten der bessern Bühne will ich nur zwo auszeichnen. Wie allgemein ist nur seit wenigen Jahren die Duldung der Religionen und Sekten geworden? – Noch ehe uns Nathan der Jude, und Saladin der Sarazene beschämten, und die göttliche Lehre uns predigten, daß Ergebenheit in Gott von unserm Wähnen über Gott so gar nicht abhängig sei – ehe noch Joseph der Zweite die fürchterliche Hyder des frommen Haßes bekämpfte, pflanzte die Schaubühne Menschlichkeit und Sanftmuth in unser Herz, die abscheulichen Gemählde heidnischer Pfaffenwuth lehrten uns Religionshaß vermeiden – in diesem schrecklichen Spiegel wusch das Christenthum seine Flekken ab. Mit eben so glücklichem Erfolge würden sich von der Schaubühne Irrthümer der Erziehung bekämpfen lassen; das Stück ist noch zu hoffen, wo dieses merkwürdige Thema behandelt wird. Keine Angelegenheit ist dem Staat durch ihre Folgen so wichtig als diese, und doch ist keine so Preiß gegeben, keine dem Wahne, dem Leichtsinn des Bürgers so uneingeschränkt anvertraut, wie es diese ist. Nur die Schaubühne könnte die unglücklichen Schlachtopfer vernachläßigter Erziehung in rührenden erschütternden Gemählden an ihm vorüber führen; hier könnten unsre Väter eigensinnigen Maximen entsagen, unsre Mütter vernünftiger lieben lernen. Falsche Begriffe führen das beste Herz des Erziehers irre; desto schlimmer, wenn sie sich noch mit Methode brüsten, und den zarten Schößling in Philanthropinen und Gewächshäusern systematisch zu Grund richten. Der gegenwärtig herrschende Kizel, mit Gottes Geschöpfen Christmarkt zu spielen, diese berühmte Raserei, Menschen zu drechseln, und es Deukalion gleich zu thun, (mit dem Unterschied freilich, daß man aus Menschen nunmehr Steine macht, wie jener aus Steinen Menschen) verdiente es mehr als jede andre Ausschweifung der Vernunft den Geißel der Satire zu fühlen.

Nicht weniger ließen sich – verstünden es die Oberhäupter und Vormünder des Staats – von der Schaubühne aus, die Meinungen der Nation über Regierung und Regenten zurechtweisen. Die gesezgebende Macht spräche hier durch fremde Symbolen zu dem Unterthan, verantwortete sich gegen seine Klagen, noch ehe sie laut werden, und bestäche seine Zweifelsucht, ohne es zu scheinen. So gar Industrie und Erfindungsgeist könnten und würden vor dem Schauplaze Feuer fangen, wenn die Dichter es der Mühe werth hielten Patrioten zu seyn, und der Staat sich herablassen wollte, sie zu hören.

Unmöglich kann ich hier den großen Einfluß übergehen, den eine gute stehende Bühne auf den Geist der Nation haben würde. Nationalgeist eines Volks nenne ich die Aehnlichkeit und Uebereinstimmung seiner Meinungen und Neigungen bei Gegenständen, worüber eine andere Nation anders meint und empfindet. Nur der Schaubühne ist es möglich, diese Uebereinstimmung in einem hohen Grad zu bewirken, weil sie das ganze Gebieth des menschlichen Wissens durchwandert, alle Situationen des Lebens erschöpft, und in alle Winkel des Herzens hinunter leuchtet; weil sie alle Stände und Klassen in sich vereinigt, und den gebahntesten Weg zum Verstand und zum Herzen hat. Wenn in allen unsern Stücken ein Hauptzug herrschte, wenn unsre Dichter unter sich einig werden, und einen festen Bund zu diesem Endzweck errichten wollten – wenn strenge Auswahl ihre Arbeiten leitete, ihr Pinsel nur Volksgegenständen sich weihte – mit einem Wort, wenn wir es erlebten eine Nationalbühne zu haben, so würden wir auch eine Nation. Was kettete Griechenland so fest aneinander? Was zog das Volk so unwiderstehlich nach seiner Bühne? – Nichts anders als der vaterländische Inhalt der Stücke, der griechische Geist, das große überwältigende Interesse des Staats, der besseren Menschheit, das in denselbigen athmete.

Noch ein Verdienst hat die Bühne – ein Verdienst, das ich jezt um so lieber in Anschlag bringe, weil ich vermuthe, daß ihr Rechtshandel mit ihren Verfolgern ohnehin schon gewonnen seyn wird. Was bis hieher zu beweisen unternommen worden, daß sie auf Sitten und Aufklärung wesentlich wirke, war zweifelhaft – daß sie unter allen Erfindungen des Luxus, und allen Anstalten zur gesellschaftlichen Ergözlichkeit den Vorzug verdiene, haben selbst ihre Feinde gestanden. Aber was sie hier leistet ist wichtiger, als man gewohnt ist zu glauben.

Die menschliche Natur erträgt es nicht, ununterbrochen und ewig auf der Folter der Geschäfte zu liegen, die Reize der Sinne sterben mit ihrer Befriedigung. Der Mensch, überladen von thierischem Genuß, der langen Anstrengung müde, vom ewigen Triebe nach Thätigkeit gequält, dürstet nach bessern auserlesnern Vergnügungen, oder stürzt zügelloß in wilde Zerstreuungen, die seinen Hinfall beschleunigen, und die Ruhe der Gesellschaft zerstören. Bacchantische Freuden, verderbliches Spiel, tausend Rasereien, die der Müßiggang aushekt sind unvermeidlich, wenn der Gesezgeber diesen Hang des Volks nicht zu lenken weiß. Der Mann von Geschäften ist in Gefahr, ein Leben, das er dem Staat so großmüthig hinopferte, mit dem unseligen Spleen abzubüßen – der Gelehrte zum dumpfen Pedanten herabzusinken – der Pöbel zum Thier. Die Schaubühne ist die Stiftung, wo sich Vergnügen mit Unterricht, Ruhe mit Anstrengung, Kurzweil mit Bildung gattet, wo keine Kraft der Seele zum Nachtheil der andern gespannt, kein Vergnügen auf Unkosten des Ganzen genoßen wird. Wenn Gram an dem Herzen nagt, wenn trübe Laune unsre einsame Stunden vergiftet, wenn uns Welt und Geschäfte anekeln, wenn tausend Lasten unsre Seele drücken, und unsre Reizbarkeit unter Arbeiten des Berufs zu ersticken droht, so empfängt uns die Bühne – in dieser künstlichen Welt träumen wir die wirkliche hinweg, wir werden uns selbst wieder gegeben, unsre Empfindung erwacht, heilsame Leidenschaften erschüttern unsre schlummernde Natur, und treiben das Blut in frischeren Wallungen. Der Unglückliche weint hier mit fremdem Kummer seinen eigenen aus, – der Glückliche wird nüchtern, und der Sichere besorgt. Der empfindsame Weichling härtet sich zum Manne, der rohe Unmensch fängt hier zum erstenmal zu empfinden an. Und dann endlich – welch ein Triumph für dich, Natur – so oft zu Boden getretene, so oft wieder auferstehende Natur – wenn Menschen aus allen Kraisen und Zonen und Ständen, abgeworfen jede Fessel der Künstelei und der Mode, herausgerissen aus jedem Drange des Schicksals, durch eine allwebende Sympathie verbrüdert, in Ein Geschlecht wieder aufgelößt, ihrer selbst und der Welt vergessen, und ihrem himmlischen Ursprung sich nähern. Jeder Einzelne genießt die Entzückungen aller, die verstärkt und verschönert aus hundert Augen auf ihn zurück fallen, und seine Brust giebt jezt nur E i n e r Empfindung Raum – es ist diese: ein M e n s c h zu seyn.

Ueber den Grund des Vergnügens
an tragischen Gegenständen

Wie sehr auch einige neuere Aesthetiker sichs zum Geschäft machen, die Künste der Phantasie und Empfindung gegen den allgemeinen Glauben, **daß sie auf Vergnügen abzwecken**, wie gegen einen herabsetzenden Vorwurf zu vertheidigen, so wird dieser Glaube dennoch, nach wie vor, auf seinem festen Grunde bestehen, und die schönen Künste werden ihren althergebrachten unabstreitbaren und wohlthätigen Beruf nicht gern mit einem neuen vertauschen, zu welchem man sie großmüthig erhöhen will. Unbesorgt, daß ihre auf unser Vergnügen abzielende Bestimmung sie erniedrige, werden sie vielmehr auf den Vorzug stolz seyn, dasjenige **unmittelbar** zu leisten, was alle übrigen Richtungen und Thätigkeiten des menschlichen Geistes nur **mittelbar** erfüllen. Daß der Zweck der Natur mit dem Menschen seine Glückseligkeit sey, wenn auch der Mensch selbst in seinem moralischen Handeln von diesem Zwecke nichts wissen soll, wird wohl niemand bezweifeln, der überhaupt nur einen Zweck in der Natur annimmt. Mit diesem also, oder vielmehr mit ihrem Urheber haben die schönen Künste ihren Zweck gemein, Vergnügen auszuspenden und Glückliche zu machen. Spielend verleihen sie, was ihre ernstern Schwestern uns erst mühsam erringen lassen; sie verschenken, was dort erst der sauer erworbene Preiß vieler Anstrengungen zu seyn pflegt. Mit anspannendem Fleiße müssen wir die Vergnügungen des Verstandes, mit schmerzhaften Opfern die Billigung der Vernunft, die Freuden der Sinne durch harte Entbehrungen erkaufen, oder das Uebermaaß der letztern durch eine Kette von Leiden büßen; die Kunst allein gewährt uns Genüsse, die nicht erst abverdient werden dürfen, die keine Opfer kosten, die durch keine Reue erkauft werden. Wer wird aber das Verdienst, auf diese Art zu ergötzen, mit dem armseligen Verdienst, zu belustigen, in eine Klasse setzen? Wer sich einfallen lassen, der schönen Kunst bloß deßwegen jenen Zweck abzusprechen, weil sie über diesen erhaben ist?

Die wohlgemeinte Absicht, das Moralischgute überall als höchsten Zweck zu verfolgen, die in der Kunst schon so manches Mittelmäßige erzeugte und in Schutz nahm, hat auch in der Theorie einen ähnlichen Schaden angerichtet. Um den Künsten einen recht hohen Rang anzuweisen, um ihnen die Gunst des Staats, die Ehrfurcht aller Menschen zu erwerben, vertreibt man sie aus ihrem eigenthümlichen Gebiete, um ihnen einen Beruf aufzudringen, der ihnen fremd und ganz unnatürlich ist. Man glaubt ihnen einen großen Dienst zu erweisen, in dem man ihnen, anstatt des frivolen Zwecks zu ergötzen, einen moralischen unterschiebt, und ihr so sehr in die Augen fallender Einfluß auf die Sittlichkeit muß diese Behauptung unterstützen. Man findet es widersprechend, daß dieselbe Kunst, die den höchsten Zweck der Menschheit in so großem Maase befördert, nur beyläufig diese Wirkung leisten und einen so gemeinen Zweck, wie man sich das Vergnügen denkt, zu ihrem letzten Augenmerk haben sollte. Aber diesen anscheinenden Widerspruch würde, wenn wir sie hätten, eine bündige Theorie des Vergnügens und eine vollständige Philosophie der Kunst sehr leicht zu heben im Stande seyn. Aus dieser würde sich ergeben, daß ein freyes Vergnügen, so wie die Kunst es hervorbringt, durchaus auf moralischen Bedingungen beruhe, daß die ganze sittliche Natur des Menschen dabey thätig sey. Aus ihr würde sich ferner ergeben, daß die Hervorbringung dieses Vergnügens ein Zweck sey, der schlechterdings nur durch moralische Mittel erreicht werden könne, daß also die Kunst, um das Vergnügen als ihren wahren Zweck vollkommen zu erreichen, durch die Moralität ihren Weg nehmen müsse. Für die Würdigung der Kunst ist es aber vollkommen einerley, ob ihr Zweck ein moralischer sey, oder ob sie ihren Zweck nur durch moralische Mittel erreichen könne, denn in beyden Fällen hat sie es mit der Sittlichkeit zu thun und muß mit dem Sittengesetz im engsten Einverständniß handeln; aber für die Vollkommenheit der Kunst ist es nichts weniger als einerley, welches von beyden ihr Zweck und welches das Mittel ist. Ist der Zweck selbst moralisch, so verliert sie das wodurch sie allein mächtig ist, ihre Freiheit, und das, wodurch sie so allgemein wirksam ist, den Reiz des Vergnügens. Das Spiel verwandelt sich in ein ernsthaftes Geschäft, und doch ist es gerade das Spiel, wodurch sie das Geschäft am besten vollführen kann. Nur indem sie ihre höchste ästhetische Wirkung erfüllt, wird sie einen wohlthätigen Einfluß auf die Sittlichkeit haben; aber nur indem sie ihre völlige Freyheit ausübt, kann sie ihre höchste ästhetische Wirkung erfüllen.

Es ist ferner gewiß, daß jedes Vergnügen, insofern es aus sittlichen Quellen fließt, den Menschen sittlich verbessert, und daß hier die Wirkung wieder zur Ursache werden muß. Die Lust am Schönen, am Rührenden, am Erhabenen stärkt unsre moralische Gefühle, wie das Vergnügen am Wohlthun, an der Liebe u. s. f. alle diese Neigungen stärkt. Eben so, wie ein vergnügter Geist das gewisse Loos eines sittlich vortrefflichen Menschen ist, so ist sittliche Vortreflichkeit gern die Begleiterinn eines vergnügten Gemüths. Die Kunst wirkt also nicht deswegen allein sittlich, weil sie durch sittliche Mittel ergötzt, sondern auch deswegen, weil das Vergnügen selbst, das die Kunst gewährt, ein Mittel zur Sittlichkeit wird.

Die Mittel, wodurch die Kunst ihren Zweck erreicht, sind so vielfach, als es überhaupt Quellen eines freyen Vergnügens giebt. F r e y aber nenne ich dasjenige Vergnügen, wobey die Gemüthskräfte nach ihren eigenen Gesetzen affiziert werden, und wo die Empfindung durch eine Vorstellung erzeugt wird; im Gegensatz von dem physischen oder sinnlichen Vergnügen, wobey die Seele dem Mechanismus unterwürfig, nach fremden Gesetzen bewegt wird, und die Empfindung unmittelbar auf ihre physische Ursache erfolget. Die sinnliche Lust ist die einzige, die vom Gebiet der schönen Kunst ausgeschlossen wird, und eine Geschicklichkeit, die sinnliche Lust zu erweken, kann sich nie oder alsdann nur zur Kunst erheben, wenn die sinnliche Eindrüke nach einem Kunstplan geordnet, verstärkt oder gemäßigt werden, und diese Planmäßigkeit durch die Vorstellung erkannt wird. Aber auch in diesem Fall wäre nur dasjenige an ihr Kunst, was der Gegenstand eines freyen Vergnügens ist, nehmlich der Geschmack in der Anordnung, der unsern Verstand ergötzt, nicht die physischen Reize selbst, die nur unsre Sinnlichkeit vergnügen.

Die allgemeine Quelle jedes, auch des sinnlichen, Vergnügens ist Zweckmäßigkeit. Das Vergnügen ist sinnlich, wenn die Zweckmäßigkeit nicht durch die Vorstellungskräfte erkannt wird, sondern bloß durch das Gesetz der Nothwendigkeit die Empfindung des Vergnügens zur physischen Folge hat. So erzeugt eine zweckmäßige Bewegung des Bluts und der Lebensgeister in einzelnen Organen oder in der ganzen Maschine die körperliche Lust mit allen ihren Arten und Modifikationen; wir fühlen diese Zweckmäßigkeit durch das Medium der angenehmen Empfindung, aber wir gelangen zu keiner, weder klaren noch verworrenen Vorstellung von ihr.

Das Vergnügen ist frey, wenn wir uns die Zweckmäßigkeit vorstellen, und die angenehme Empfindung die Vorstellung begleitet; alle Vorstellungen also, wodurch wir Uebereinstimmung und Zweckmäßigkeit erfahren, sind Quellen eines freyen Vergnügens, und in so fern fähig von der Kunst zu dieser Absicht gebraucht zu werden. Sie erschöpfen sich in folgenden Klassen: Gut, Wahr, Vollkommen, Schön, Rührend, Erhaben. Das Gute beschäftigt unsre Vernunft, das Wahre und Vollkommene den Verstand; das Schöne den Verstand mit der Einbildungskraft, das Rührende und Erhabene die Vernunft mit der Einbildungskraft. Zwar ergötzt auch schon der Reiz oder die zur Thätigkeit aufgeforderte Kraft, aber die Kunst bedient sich des Reizes nur, um die höhern Gefühle der Zweckmäßigkeit zu begleiten; allein betrachtet verliert er sich unter die Lebensgefühle, und die Kunst verschmäht ihn wie alle sinnlichen Lüste.

Die Verschiedenheit der Quellen, aus welchen die Kunst das Vergnügen schöpft, das sie uns gewähret, kann für sich allein zu keiner Eintheilung der Künste berechtigen, da in derselben Kunstklasse mehrere, ja oft alle Arten des Vergnügens zusammen fließen können. Aber in so fern eine gewisse Art derselben als Hauptzweck verfolgt wird, kann sie, wenn gleich nicht eine eigene Klasse, doch eine eigne Ansicht der Kunstwerke gründen. So, z. B. könnte man diejenigen Künste, welche den Verstand und die Einbildungskraft vorzugsweise befriedigen, diejenigen also, die das Wahre, das Vollkommene, das Schöne zu ihrem Hauptzweck machen, unter dem Nahmen der schönen Künste (Künste des Geschmacks, Künste des Verstandes) begreifen; diejenigen hingegen, die die Einbildungskraft mit der Vernunft vorzugsweise beschäftigen, also das Gute, das Rührende und Erhabene zu ihrem Hauptgegenstand haben, unter dem Nahmen der Rührenden Künste (Künste des Gefühls, des Herzens) in eine besondere Klasse vereinigen. Zwar ist es unmöglich, das Rührende von dem Schönen durchaus zu trennen, aber sehr gut kann das Schöne ohne das Rührende bestehen. Wenn also gleich diese verschiedene Ansicht zu keiner vollkommenen Eintheilung der freyen Künste berechtigt, so dient sie wenigstens dazu, die Principien zu Beurtheilung derselben näher anzugeben und der Verwirrung vorzubeugen, welche unvermeidlich einreissen muß, wenn man bey einer Gesetzgebung in ästhetischen Dingen die ganz verschiedenen Felder des Rührenden und des Schönen verwechselt.

Unter der rührenden Gattung behaupten in der Dichtkunst die Epopee und das Trauerspiel den vorzüglichsten Rang. In den Erstern ist das Rührende dem Erhabnen, in dem letzten das Erhabene dem Rührenden beigesellt. Wollte man von diesem Leitfaden weiter Gebrauch machen, so könnte man Dichtungsarten aufstellen, die das Erhabene allein, andre die das Rührende allein behandeln. In noch andern würde sich das Rührende mit dem Schönen vorzüglich gatten, und zu der zweiten Ordnung der Künste einen Uebergang bahnen. So könnte man vielleicht diesen Faden auch durch diese, die schönen Künste, fortführen, und an dem höchst Vollkommenen einen Rückweg zum Erhabenen finden, wodurch der Kreis der Künste geschlossen würde.

Das Rührende und Erhabene kommen darinn überein, daß sie Lust durch Unlust hervorbringen, daß sie uns also (da die Lust aus Zweckmäßigkeit, der Schmerz aber aus dem Gegentheil entspringt) eine Zweckmäßigkeit zu empfinden geben, die eine Zweckwidrigkeit voraussetzt.

Das Gefühl des Erhabenen besteht einerseits aus dem Gefühl unsrer Ohnmacht und Begrenzung, einen Gegenstand zu umfassen, anderseits aber aus dem Gefühl unsrer Uebermacht, welche vor keinen Grenzen erschrickt, und dasjenige sich geistig unterwirft, dem unsre sinnlichen Kräfte unterliegen. Der Gegenstand des Erhabenen widerstreitet also unserm sinnlichen Vermögen, und diese Unzweckmäßigkeit muß uns nothwendig Unlust erwecken. Aber sie wird zugleich eine Veranlassung, ein anderes Vermögen in uns zu unserm Bewußtseyn zu bringen, welches demjenigen, woran die Einbildungskraft erliegt, überlegen ist. Ein erhabener Gegenstand ist also eben dadurch, daß er der Sinnlichkeit widerstreitet, zweckmäßig für die Vernunft, und ergötzt durch das höhere Vermögen, indem er durch das niedrige schmerzet.

Rührung, in seiner strengen Bedeutung, bezeichnet die gemischte Empfindung des Leidens und der Lust an dem Leiden. Rührung kann man also nur dann über eigenes Unglück empfinden, wenn der Schmerz über dasselbe gemäßigt genug ist, um der Lust Raum zu lassen, die etwa ein mitleidender Zuschauer dabey empfindet. Der Verlust eines großen Guts schlägt uns heute zu Boden, und unser Schmerz **rührt** den Zuschauer; in einem Jahre erinnern wir uns dieses Leidens selbst mit **Rührung**. Der Schwache ist jederzeit ein Raub seines Schmerzens, der Held und der Weise werden vom höchsten eigenen Unglück nur **gerührt**.

Rührung enthält eben so, wie das Gefühl des Erhabenen, zwey Bestandtheile, Schmerz und Vergnügen; also hier wie dort ligt der Zweckmäßigkeit eine Zweckwidrigkeit zum Grunde. So scheint es eine Zweckwidrigkeit in der Natur zu seyn, daß der Mensch leidet, der doch nicht zum Leiden bestimmt ist, und diese Zweckwidrigkeit thut uns wehe. Aber dieses **Wehethun** der Zweckwidrigkeit ist zweckmäßig für unsere vernünftige Natur überhaupt und in so fern es uns zur Thätigkeit auffordert, zweckmäßig für die menschliche Gesellschaft. Wir müssen also über die Unlust selbst, welche das Zweckwidrige in uns erregt, nothwendig Lust empfinden, weil jene Unlust zweckmäßig ist. Um zu bestimmen, ob bey einer Rührung die Lust oder die Unlust hervorstechen werde, kommt es darauf an, ob die Vorstellung der Zweckwidrigkeit oder die der Zweckmäßigkeit die Oberhand behält. Dieß kann nun entweder von der Menge der Zwecke, die erreicht oder verletzt werden, oder von ihrem Verhältniß zu dem letzten Zweck aller Zwecke abhängen.

Das Leiden des Tugendhaften rührt uns schmerzhafter, als das Leiden des Lasterhaften, weil dort nicht nur dem allgemeinen Zweck der Menschen, glücklich zu seyn, sondern auch dem besondern, daß die Tugend glücklich mache, hier aber nur dem erstern widersprochen wird. Hingegen schmerzt uns das Glück des Bösewichts auch weit mehr, als das Unglück des Tugendhaften, weil **erstlich** das Laster selbst und **zweytens** die Belohnung des Lasters eine Zweckwidrigkeit enthalten.

Ausserdem ist die Tugend weit mehr geschickt, sich

selbst zu belohnen, als das glückliche Laster, sich zu bestrafen; eben deßwegen wird der Rechtschaffene im Unglück weit eher der Tugend getreu bleiben, als der Lasterhafte im Glück zur Tugend umkehren.

Vorzüglich aber kommt es bey Bestimmung des Verhältnisses der Lust zu der Unlust in Rührungen darauf an, ob der verletzte Zweck den erreichten oder der erreichte den, der verletzt wird, an Wichtigkeit übertreffen. Keine Zweckmäßigkeit geht uns so nah an, als die moralische und nichts geht über die Lust, die wir über diese moralische Zweckmäßigkeit empfinden. Die Naturzweckmäßigkeit könnte noch immer problematisch seyn, die moralische ist uns erwiesen. Sie allein gründet sich auf unsre vernünftige Natur und auf innre Nothwendigkeit. Sie ist uns die nächste, die wichtigste, und zugleich die erkennbarste, weil sie durch nichts von aussen sondern durch ein innres Princip unsrer autonomischen Vernunft bestimmt wird. Sie ist das Palladium unsrer Freiheit.

Diese moralische Zweckmäßigkeit wird am lebendigsten erkannt, wenn sie im Widerspruch mit andern die Oberhand behält; nur dann erweißt sich die ganze Macht des Sittengesetzes, wenn es mit allen übrigen Naturkräften im Streit gezeigt wird und alle neben ihm ihre Gewalt über ein menschliches Herz verlieren. Unter diesen Naturkräften ist alles begriffen, was nicht moralisch ist, alles was nicht unter der höchsten Gesetzgebung der Vernunft stehet; also Empfindungen, Triebe, Affekte, Leidenschaften so gut, als die physische Nothwendigkeit und das Schicksal. Je furchtbarer die Gegner, desto glorreicher der Sieg; der Widerstand allein kann die Kraft sichtbar machen. Aus diesem folgt, »daß das höchste Bewußtseyn unsrer moralischen Natur nur in einem gewaltsamen Zustand, im Kampfe, erhalten werden kann, und daß das höchste moralische Vergnügen jederzeit von Schmerz wird begleitet seyn.«

Diejenige Dichtungsart also, welche uns die moralische

Lust in vorzüglichem Grade gewährt, muß sich eben deßwegen der gemischten Empfindungen bedienen, und uns durch den Schmerz ergötzen. Dieß thut vorzugsweise die Tragödie, und ihr Gebieth umfaßt alle mögliche Fälle, in denen irgend eine Naturzweckmäßigkeit einer moralischen, oder auch eine moralische Zweckmäßigkeit der andern, die höher ist, aufgeopfert wird. Es wäre vielleicht nicht unmöglich, nach dem Verhältniß, in welchem die moralische Zweckmäßigkeit im Widerspruch mit der andern erkannt und empfunden wird, eine Stuffenleiter des Vergnügens von der untersten biß zur höchsten hinaufzuführen, und den Grad der angenehmen oder schmerzhaften Rührung a priori aus dem Princip der Zweckmäßigkeit bestimmt anzugeben. Ja vielleicht ließen sich aus eben diesem Princip bestimmte Ordnungen der Tragödie ableiten, und alle mögliche Klassen derselben a priori in einer vollständigen Tafel erschöpfen; so, daß man im Stande wäre, jeder gegebenen Tragödie ihren Platz anzuweisen und den Grad sowohl als die Art der Rührung im voraus zu berechnen, über den sie sich, vermöge ihrer Species nicht erheben kann. Aber dieser Gegenstand bleibt einer eigenen Erörterung vorbehalten.

Wie sehr die Vorstellung der moralischen Zweckmäßigkeit der Naturzweckmäßigkeit in unserm Gemüth vorgezogen werde, wird aus einzelnen Beispielen einleuchtend zu erkennen seyn.

Wenn wir Hüon und Amanda an den Marterpfahl gebunden sehen, beyde aus freyer Wahl bereit, lieber den fürchterlichen Feuertod zu sterben als durch Untreue gegen das Geliebte sich einen Thron zu erwerben – was macht uns wohl diesen Auftritt zum Gegenstand eines so himmlischen Vergnügens? Der Widerspruch ihres gegenwärtigen Zustands mit dem lachenden Schicksal das sie verschmähten, die anscheinende Zweckwidrigkeit der Natur, welche Tugend mit Elend lohnt, die naturwidrige Verläugnung der Selbstliebe u.s.f. sollten uns, da sie so viele

Vorstellungen von Zweckwidrigkeit in unsre Seele rufen, mit dem empfindlichsten Schmerz erfüllen – aber was kümmert uns die Natur mit allen ihren Zwecken und Gesetzen, wenn sie durch ihre Zweckwidrigkeit eine Veranlassung wird, uns die moralische Zweckmäßigkeit in uns in ihrem vollesten Lichte zu zeigen? Die Erfahrung von der siegenden Macht des sittlichen Gesetzes, die wir bey diesem Anblick machen, ist ein so hohes so wesentliches Gut, daß wir sogar versucht werden, uns mit dem Uebel auszusöhnen, dem wir es zu verdanken haben. Uebereinstimmung im Reich der Freyheit ergötzt uns unendlich mehr, als alle Widersprüche in der natürlichen Welt uns zu betrüben vermögen.

Wenn Koriolan, von der Gatten- und Kindes- und Bürgerpflicht besiegt, das schon so gut als eroberte Rom verläßt, seine Rache unterdrückt, sein Heer zurückführt, und sich dem Haß eines eifersüchtigen Nebenbuhlers zum Opfer dahingibt, so begeht er offenbar eine sehr zweckwidrige Handlung; er verliert durch diesen Schritt nicht nur die Frucht aller bisherigen Siege, sondern rennt auch vorsätzlich seinem Verderben entgegen – aber wie treflich wie unaussprechlich groß ist es auf der andern Seite, den gröbsten Widerspruch mit der Neigung einem Widerspruch mit dem sittlichen Gefühl kühn vorzuziehen, und auf solche Art, dem höchsten Interesse der Sinnlichkeit entgegen, gegen die Regeln der Klugheit zu verstoßen, um nur mit der höhern moralischen Pflicht übereinstimmend zu handeln? Jede Aufopferung des Lebens ist zweckwidrig, denn das Leben ist die Bedingung aller Güter; aber Aufopferung des Lebens in moralischer Absicht ist in hohem Grad zweckmäßig, denn das Leben ist nie für sich selbst, nie als Zweck, nur als Mittel zur Sittlichkeit wichtig. Tritt also ein Fall ein, wo die Hingebung des Lebens ein Mittel zur Sittlichkeit wird, so muß das Leben der Sittlichkeit nachstehen. »Es ist nicht nöthig, daß ich lebe, aber es ist nöthig daß ich Rom vor dem Hunger schütze,« sagt der große Pompejus, da er nach Afrika schiffen soll, und seine Freunde ihm anliegen, seine Abfahrt zu verschieben, biß der Seesturm vorüber sey.

Aber das Leiden eines Verbrechers ist nicht weniger tragisch ergötzend, als das Leiden des Tugendhaften und doch erhalten wir hier die Vorstellung einer moralischen Zweckwidrigkeit. Der Widerspruch seiner Handlung mit dem Sittengesetz sollte uns mit Unwillen, die moralische Unvollkommenheit, die eine solche Art zu handeln voraussetzt, mit Schmerz erfüllen; wenn wir auch das Unglück der Schuldlosen nicht einmal in Anschlag brächten, die das Opfer davon werden. Hier ist keine Zufriedenheit mit der Moralität der Personen, die uns für den Schmerz zu entschädigen vermöchte, den wir über ihr Handeln und Leiden empfinden – und doch ist beydes ein sehr dankbarer Gegenstand für die Kunst, bey dem wir mit hohem Wohlgefallen verweilen. Es wird nicht schwer seyn, diese Erscheinung mit dem bisher gesagten in Uebereinstimmung zu zeigen.

Nicht allein der Gehorsam gegen das Sittengesetz gibt uns die Vorstellung moralischer Zweckmäßigkeit, auch der Schmerz über Verletzung desselben thut es. Die Traurigkeit, welche das Bewußtseyn moralischer Unvollkommenheit erzeugt, ist zweckmäßig, weil sie der Zufriedenheit gegenüber steht, die das moralische Rechtthun begleitet. Reue, Selbstverdammung, selbst in ihrem höchsten Grad, in der Verzweiflung, sind moralisch erhaben, weil sie nimmermehr empfunden werden könnten, wenn nicht tief in der Brust des Verbrechers ein unbestechliches Gefühl für Recht und Unrecht wachte, und seine Aussprüche selbst gegen das feurigste Interesse der Selbstliebe geltend machte. Reue über eine That entspringt aus der Vergleichung derselben mit dem Sittengesetz, und ist Mißbilligung dieser That, weil sie dem Sittengesetz widerstreitet. Also muß im Augenblick der Reue das Sittengesetz die höchste Instanz im Gemüth eines solchen Menschen seyn; es muß ihm wichtiger seyn, als selbst der Preiß des Verbrechens, weil das Bewußtseyn des beleidigten Sittengesetzes ihm den Genuß dieses Preises vergällt. Der Zustand eines Gemüths aber, in welchem das Sittengesetz für die höchste Instanz erkannt wird, ist moralisch zweckmäßig, also eine Quelle moralischer Lust. Und was kann auch erhabener seyn, als jene heroische Verzweiflung, die alle Güter des Lebens, die das Leben selbst in den Staub tritt, weil sie die mißbilligende Stimme ihres innern Richters nicht ertragen und nicht übertäuben kann? Ob der Tugendhafte sein Leben freiwillig dahingibt, um dem Sittengesetz gemäß zu handeln – oder ob der Verbrecher unter dem Zwange des Gewissens sein Leben mit eigner Hand zerstört, um die Uebertretung jenes Gesetzes an sich zu bestrafen, so steigt unsre Achtung für das Sittengesetz zu einem gleich hohen Grad empor; und, wenn ja noch ein Unterschied statt fände, so würde er vielmehr zum Vortheil des Letztern ausfallen, da das beglückende Bewußtseyn des Rechthandelns dem Tugendhaften seine Entschließung doch einigermaßen konnte erleichtert haben, und das sittliche Verdienst an einer Handlung gerade um eben so viel abnimmt, als Neigung und Lust daran Antheil haben. Reue und Verzweiflung über ein begangenes Verbrechen zeigen uns die Macht des Sittengesetzes nur später, nicht schwächer; es sind Gemählde der erhabensten Sittlichkeit, nur in einem gewaltsamen Zustand entworfen. Ein Mensch, der wegen einer verletzten moralischen Pflicht verzweifelt, tritt eben dadurch zum Gehorsam gegen dieselbe zurück, und je furchtbarer seine Selbstverdammung sich äusert, desto mächtiger sehen wir das Sittengesetz ihm gebieten.

Aber es gibt Fälle, wo das moralische Vergnügen nur durch einen moralischen Schmerz erkauft wird, und dieß geschieht, wenn eine moralische Pflicht übertreten werden muß, um einer höhern und allgemeinern desto gemäßer zu handeln. Wäre Koriolan, anstatt seine eigene Vaterstadt zu belagern, vor Antium oder Korioli mit einem römischen

Heere gestanden, wäre seine Mutter eine Volscierin gewesen, und ihre Bitten hätten die nehmliche Wirkung auf ihn gehabt, so würde dieser Sieg der Kindespflicht den entgegengesetzten Eindruck auf uns machen. Der Ehrerbietung gegen die Mutter stünde dann die weit höhere b ü r g e r l i c h e Verbindlichkeit entgegen, welche im Collisionsfall vor jener den Vorzug verdient. Jener Commendant, dem die Wahl gelassen wird, entweder die Stadt zu übergeben, oder seinen gefangenen Sohn vor seinen Augen durchbohrt zu sehen, wählt ohne Bedenken das Letztere, weil die Pflicht gegen sein Kind der Pflicht gegen sein Vaterland billig untergeordnet ist. Es empört zwar im ersten Augenblick unser Herz, daß ein Vater dem Naturtriebe und der Vaterpflicht so widersprechend handelt, aber es reißt uns bald zu einer süßen Bewunderung hin, daß sogar ein moralischer Antrieb, und wenn er sich selbst mit der Neigung gattet, die Vernunft in ihrer Gesetzgebung nicht irre machen kann. Wenn der Korinthier Timoleon einen geliebten aber ehrsüchtigen Bruder Timophanes ermorden läßt, weil seine Meinung von patriotischer Pflicht ihn zu Vertilgung alles dessen, was die Republik in Gefahr setzt, verbindet, so sehen wir ihn zwar nicht ohne Entsetzen und Abscheu diese naturwidrige, dem moralischen Gefühl so widerstreitende Handlung begehen, aber unser Abscheu löst sich bald in die höchste Achtung der heroischen Tugend auf, die ihre Aussprüche gegen jeden fremden Einfluß der Neigung behauptet, und im stürmischen Widerstreit der Gefühle eben so frey und eben so richtig, als im Zustand der höchsten Ruhe entscheidet. Wir können über republikanische Pflicht mit Timoleon ganz verschieden denken; das ändert an unserm Wohlgefallen nichts. Vielmehr sind es gerade solche Fälle, wo unser Verstand nicht auf der Seite der handelnden Person ist, aus welchen man erkennt, wie sehr wir Pflichtmäßigkeit über Zweckmäßigkeit, Einstimmung mit der Vernunft über die Einstimmung mit dem Verstande erheben.

Ueber keine moralische Erscheinung aber wird das Urtheil der Menschen so verschieden ausfallen, als gerade über diese, und der Grund dieser Verschiedenheit darf nicht weit gesucht werden. Der moralische Sinn liegt zwar in allen Menschen, aber nicht bey allen in derjenigen Stärke und Freiheit, wie er bey Beurtheilung dieser Fälle vorausgesetzt werden muß. Für die Meisten ist es genug eine Handlung zu billigen, weil ihre Einstimmung mit dem Sittengesetz leicht gefaßt wird, und eine andere zu verwerfen, weil ihr Widerstreit mit diesem Gesetz in die Augen leuchtet. Aber ein heller Verstand und eine von jeder Naturkraft also auch von moralischen Trieben (insofern sie instinktartig wirken) unabhängige Vernunft wird erfodert, die Verhältnisse moralischer Pflichten zu dem höchsten Princip der Sittlichkeit richtig zu bestimmen. Daher wird die nehmliche Handlung, in welcher einige wenige die höchste Zweckmäßigkeit erkennen dem großen Haufen als ein empörender Widerspruch erscheinen, ob gleich beide ein moralisches Urtheil fällen; daher rührt es, daß die Rührung an solchen Handlungen nicht in der Allgemeinheit mitgetheilt werden kann, wie die Einheit der menschlichen Natur und die Nothwendigkeit des moralischen Gesetzes erwarten läßt. Aber auch das wahrste und höchste Erhabene ist, wie man weiß, Vielen Ueberspannung und Unsinn, weil das Maaß der Vernunft, die das Erhabene erkennt, nicht in allen dasselbe ist. Eine kleine Seele sinkt unter der Last so großer Vorstellungen dahin, oder fühlt sich peinlich über ihren moralischen Durchmesser auseinander gespannt. Sieht nicht oft genug der gemeine Haufe da die häßlichste Verwirrung, wo der denkende Geist gerade die höchste Ordnung bewundert?

So viel über das Gefühl der moralischen Zweckmäßigkeit, in so fern es der tragischen Rührung und unsrer Lust an dem Leiden zum Grund liegt. Aber es sind demohngeachtet Fälle genug vorhanden, wo uns die Naturzweckmäßigkeit selbst auf Unkosten der moralischen zu ergötzen scheint. Die höchste Consequenz eines Bösewichts in Anordnung seiner Maschinen ergötzt uns offenbar, obgleich Anstalten und Zweck unserm moralischen Gefühl widerstreiten. Ein solcher Mensch ist fähig, unsre lebhafteste Theilnahme zu erwecken, und wir zittern vor dem Fehlschlag derselben Plane, deren Vereitlung wir, wenn es wirklich an dem wäre, daß wir alles auf die moralische Zweckmäßigkeit beziehen, aufs feurigste wünschen sollten. Aber auch diese Erscheinung hebt dasjenige nicht auf, was bisher über das Gefühl der moralischen Zweckmäßigkeit, und seinen Einfluß auf unser Vergnügen an tragischen Rührungen behauptet wurde.

Zweckmäßigkeit gewährt uns unter allen Umständen Vergnügen, sie beziehe sich entweder gar nicht auf das Sittliche, oder sie widerstreite demselben. Wir genießen dieses Vergnügen r e i n , so lange wir uns keines sittlichen Zwecks erinnern, dem dadurch widersprochen wird. Eben so wie wir uns an dem verstandähnlichen Instinkt der Thiere, an dem Kunstfleiß der Bienen u. d. gl. ergötzen, ohne diese Naturzweckmäßigkeit auf einen verständigen Willen noch weniger auf einen moralischen Zweck zu beziehen, so gewährt uns die Zweckmäßigkeit eines jeden menschlichen Geschäfts an sich selbst Vergnügen, sobald wir uns weiter nichts dabey denken als das Verhältniß der Mittel zu ihrem Zweck. Fällt es uns aber ein, diesen Zweck nebst seinen Mitteln auf ein sittliches Princip zu beziehen, und entdekken wir alsdann einen Widerspruch mit dem letztern, kurz, erinnern wir uns, daß es die Handlung eines moralischen Wesens ist, so tritt eine tiefe Indignation an die Stelle jenes ersten Vergnügens, und keine noch so große Verstandeszweckmäßigkeit ist fähig, uns mit der Vorstellung einer sittlichen Zweckwidrigkeit zu versöhnen. Nie darf es uns lebhaft werden, daß dieser Richard III, dieser Jago, dieser Lovelace M e n s c h e n sind, sonst wird sich unsre Theilnahme unausbleiblich in ihr Gegentheil verwandeln. Daß wir aber ein Vermögen besitzen und auch häufig genug ausüben, unsre Aufmerksamkeit von einer gewissen Seite der Dinge freywillig abzulenken und auf eine andre zu richten, daß das Vergnügen selbst, welches durch diese Absonderung allein für uns möglich ist, uns dazu einladet und dabey festhält, wird durch die tägliche Erfahrung bestätigt.

Nicht selten aber gewinnt eine geistreiche Bosheit vorzüglich deßwegen unsre Gunst, weil sie ein Mittel ist, uns den Genuß der moralischen Zweckmäßigkeit zu verschaffen. Je gefährlicher die Schlingen sind, welche Lovelace Klarissens Tugend legt, je härter die Proben sind, auf welche die erfinderische Grausamkeit eines Despoten die Standhaftigkeit seines unschuldigen Opfers stellt, in desto höherem Glanz sehen wir die moralische Zweckmäßigkeit triumphiren. Wir freuen uns über die Macht des moralischen Pflichtgefühls, welches die Erfindungskraft eines Verführers so sehr in Arbeit setzen kann. Hingegen rechnen wir dem consequenten Bösewicht die Besiegung des moralischen Gefühls, von dem wir wissen, daß es sich nothwendig in ihm regen mußte, zu einer Art von Verdienst an, weil es von einer großen Zweckmäßigkeit des Verstandes zeugt, sich durch keine moralische Regung in seinem Handeln irre machen zu lassen.

Uebrigens ist es unwidersprechlich, daß eine zweckmäßige Bosheit nur alsdann der Gegenstand eines vollkommenen Wohlgefallens werden kann, wenn sie vor der moralischen Zweckmäßigkeit zu Schanden wird. Dann ist sie sogar eine wesentliche Bedingung des höchsten Wohlgefallens, weil sie allein vermag, die Uebermacht des moralischen Gefühls recht einleuchtend zu machen. Es gibt davon keinen überzeugendern Beweis, als den letzten Eindruck, mit dem uns der Verfasser der Klarissa entläßt. Die höchste Verstandeszweckmäßigkeit, die wir in dem Verführungsplane des Lovelace unfreiwillig bewundern mußten, wird durch die Vernunftzweckmäßigkeit, welche Klarissa diesem furchtbaren Feind ihrer Unschuld entgegensetzt, glorreich übertroffen, und wir sehen uns dadurch in den Stand gesetzt, den Genuß beider in einem hohen Grad zu vereinigen.

In so ferne sich der tragische Dichter zum Ziel setzt, das Gefühl der moralischen Zweckmäßigkeit zu einem lebendigen Bewußtseyn zu bringen, in so fern er also die Mittel zu diesem Zwecke verständig wählt und anwendet, muß er den Kenner jederzeit auf eine gedoppelte Art durch die moralische und durch die Naturzweckmäßigkeit ergötzen. Durch jene wird er das Herz, durch diese den Verstand befriedigen. Der große Haufe erleidet gleichsam blind die von dem Künstler auf das Herz beabsichtete Wirkung, ohne die Magie zu durchblicken, vermittelst welcher die Kunst diese Macht über ihn ausübte. Aber es gibt eine gewisse Klasse von Kennern, bey denen der Künstler gerade umgekehrt, die auf das Herz abgezielte Wirkung verliert, deren Geschmack er aber durch die Zweckmäßigkeit der dazu angewandten Mittel für sich gewinnen kann. Gleichgültig gegen den Inhalt werden diese bloß durch die Form befriedigt. Sie vergeben eine Verletzung dieser selbst der gelungensten Wirkung nicht, und wollen lieber bey einer zweckmäßigen Anordnung den Zweck, als bey dem vollkommen erreichten Zweck die Zweckmäßigkeit der Mittel verlieren. In diesen sonderbaren Widerspruch artet öfters die feinste Kultur des Geschmackes aus, besonders wo die moralische Veredlung hinter der Bildung des Kopfs zurückbleibt. Diese Art Kenner suchen im Rührenden und Erhabenen nur das Schöne; dieses empfinden und prüfen sie mit dem richtigsten Gefühl, aber man hüte sich, an ihr Herz zu appelliren. Alter und Kultur führen uns dieser Klippe entgegen, und diesen nachtheiligen Einfluß von beyden glücklich besiegen, ist der höchste Karakterruhm des gebildeten Mannes. Unter Europens Nationen sind unsre Nachbarn die Franzosen diesem Extrem am nächsten geführt worden, und wir ringen, wie in allem so auch hier, diesem Muster nach.

Ueber die tragische Kunst

Der Zustand des Affekts für sich selbst, unabhängig von aller Beziehung seines Gegenstandes auf unsre Verbesserung oder Verschlimmerung, hat etwas ergötzendes für uns; wir streben, uns in denselben zu versetzen, wenn es auch einige Opfer kosten sollte. Unsern gewöhnlichsten Vergnügungen liegt dieser Trieb zum Grunde; ob der Affekt auf Begierde oder Verabscheuung gerichtet, ob er, seiner Natur nach, angenehm oder peinlich sey, kommt dabei wenig in Betrachtung. Vielmehr lehrt die Erfahrung, daß der unangenehme Affekt den größern Reiz für uns habe, und also die Lust am Affekt mit seinem Inhalt gerade in umgekehrtem Verhältnisse stehe. Es ist eine allgemeine Erscheinung in unsrer Natur, daß uns das Traurige, das Schreckliche, das Schauderhafte selbst, mit unwiderstehlichem Zauber an sich lockt, daß wir uns von Auftritten des Jammers, des Entsetzens mit gleichen Kräften weggestoßen und wieder angezogen fühlen. Alles drängt sich voll Erwartung um den Erzähler einer Mordgeschichte; das abentheuerlichste Gespenstermährchen verschlingen wir mit Begierde und mit desto größrer, jemehr uns dabey die Haare zu Berge steigen.

Lebhafter äussert sich diese Regung bey Gegenständen der wirklichen Anschauung. Ein Meersturm, der eine ganze Flotte versenkt, vom Ufer aus gesehen, würde unsre Phantasie eben so stark ergötzen, als er unser fühlendes Herz empört; es dürfte schwer seyn, mit dem Lucrez zu glauben, daß diese unnatürliche Lust aus einer Vergleichung unsrer eignen Sicherheit mit der wahrgenommenen Gefahr entspringe. Wie zahlreich ist nicht das Gefolge, das einen Verbrecher nach dem Schauplatz seiner Qualen begleitet! Weder das Vergnügen befriedigter Gerechtigkeitsliebe noch die unedle Lust der gestillten Rachbegierde kann diese Erscheinung erklären. Dieser Unglückliche kann in dem Herzen der Zuschauer sogar entschuldigt, das aufrichtigste Mitleid für seine Erhaltung geschäftig seyn; dennoch regt sich, stärker oder schwächer, ein neugieriges Verlangen bey dem Zuschauer, Aug und Ohr auf den Ausdruck seines Leidens zu richten. Wenn der Mensch von Erziehung und verfeinertem Gefühl hierinn eine Ausnahme macht, so rührt dieß nicht daher, daß dieser Trieb gar nicht in ihm vorhanden war, sondern daher, daß er von der schmerzhaften Stärke des Mitleids überwogen, oder von den Gesetzen des Anstands in Schranken gehalten wird. Der rohe Sohn der Natur, den kein Gefühl zarter Menschlichkeit zügelt, überläßt sich ohne Scheu diesem mächtigen Zuge. Er muß also in der ursprünglichen Anlage des menschlichen Gemüths gegründet, und durch ein allgemeines psychologisches Gesetz zu erklären seyn.

Wenn wir aber auch diese rohen Naturgefühle mit der Würde der menschlichen Natur unverträglich finden, und deswegen Anstand nehmen, ein Gesetz für die ganze Gattung darauf zu gründen, so giebt es noch Erfahrungen genug, die die Wirklichkeit und Allgemeinheit des Vergnügens an schmerzhaften Rührungen ausser Zweifel setzen. Der peinliche Kampf entgegengesetzter Neigungen oder Pflichten, der für denjenigen, der ihn erleidet, eine Quelle des Elends ist, ergötzt uns in der Betrachtung; wir folgen mit immer steigender Lust den Fortschritten einer Leidenschaft bis zu dem Abgrund, in welchen sie ihr unglückliches Opfer hinabzieht. Das nehmliche zarte Gefühl, das uns von dem Anblick eines physischen Leidens oder auch von dem physischen Ausdruck eines moralischen zurückschreckt, läßt uns in der Sympathie mit dem reinen moralischen Schmerz eine nur desto süßere Lust empfinden. Das Interesse ist allgemein, mit dem wir bey Schilderungen solcher Gegenstände verweilen.

Natürlicher weise gilt dieß nur von dem **mitgetheilten** oder **nachempfundnen** Affekt, denn die nahe Beziehung, in welcher der **ursprüngliche** zu unsrem

Glückseligkeitstriebe steht, beschäftigt und besitzt uns gewöhnlich zu sehr, um der Lust Raum zu lassen, die er, frey von jeder eigennützigen Beziehung, für sich selbst gewährt. So ist bey demjenigen, der wirklich von einer schmerzhaften Leidenschaft beherrscht wird, das Gefühl des Schmerzens überwiegend, so sehr die Schilderung seiner Gemüthslage den Hörer oder Zuschauer entzücken kann. Dem ungeachtet ist selbst der ursprüngliche schmerzhafte Affekt für denjenigen, der ihn erleidet, nicht ganz an Vergnügen leer; nur sind die Grade dieses Vergnügens nach der Gemüthsbeschaffenheit der Menschen verschieden. Läge nicht auch in der Unruhe, im Zweifel, in der Furcht, ein Genuß, so würden Hazardspiele ungleich weniger Reiz für uns haben, so würde man sich nie aus tollkühnem Muth in Gefahren stürzen, so könnte selbst die Sympathie mit fremden Leiden gerade im Moment der höchsten Illusion und im stärksten Grad der Verwechslung nicht am lebhaftesten ergötzen. Dadurch aber wird nicht gesagt, daß die unangenehmen Affekte an und für sich selbst Lust gewähren, welches zu behaupten wohl niemand sich einfallen lassen wird; es ist genug, wenn diese Zustände des Gemüths blos die Bedingungen abgeben, unter welchen allein gewisse Arten des Vergnügens für uns möglich sind. Gemüther also, welche für d i e s e Arten des Vergnügens vorzüglich empfänglich und vorzüglich darnach lüstern sind, werden sich leichter mit diesen unangenehmen Bedingungen versöhnen, und auch in den heftigsten Stürmen der Leidenschaft ihre Freyheit nicht ganz verlieren.

Von der Beziehung seines Gegenstandes auf unser sinnliches oder sittliches Vermögen, rührt die Unlust her, welche wir bey widrigen Affekten empfinden, so wie die Lust bey den angenehmen aus eben diesen Quellen entspringt. Nach dem Verhältniß nun, in welchem die sittliche Natur eines Menschen zu seiner sinnlichen steht, richtet sich auch der Grad der Freyheit, der in Affekten behauptet werden kann; und da nun bekanntlich im Moralischen keine Wahl für uns statt findet, der sinnliche Trieb hingegen der Gesetzgebung der Vernunft unterworfen und also in unsrer Gewalt ist, wenigstens seyn soll, so leuchtet ein, daß es möglich ist, in allen denjenigen Affekten, welche mit dem eigennützigen Trieb zu thun haben, eine vollkommene Freyheit zu behalten, und über den Grad Herr zu seyn, den sie erreichen sollen. Dieser wird in eben dem Maase schwächer seyn, als der moralische Sinn über den Glückseligkeitstrieb bey einem Menschen die Obergewalt behauptet, und die eigennützige Anhänglichkeit an sein individuelles Ich durch den Gehorsam gegen allgemeine Vernunftgesetze vermindert wird. Ein solcher Mensch wird also im Zustand des Affekts die Beziehung eines Gegenstandes auf seinen Glückseligkeitstrieb weit weniger empfinden, und folglich auch weit weniger von der Unlust erfahren, die nur aus dieser Beziehung entspringt; hingegen wird er destomehr auf das Verhältniß merken, in welchem eben dieser Gegenstand zu seiner Sittlichkeit steht, und eben darum auch desto empfänglicher für die Lust seyn, welche die Beziehung aufs Sittliche nicht selten in die peinlichsten Leiden der Sinnlichkeit mischt. Eine solche Verfassung des Gemüths ist am fähigsten, das Vergnügen des Mitleids zu genießen, und selbst den ursprünglichen Affekt in den Schranken des mitleidenden zu erhalten. Daher der hohe Werth einer Lebensphilosophie, welche durch stete Hinweisung auf allgemeine Gesetze das Gefühl für unsre Individualität entkräftet, im Zusammenhange des großen Ganzen unser kleines Selbst uns verlieren lehrt, und uns dadurch in den Stand setzt, mit uns selbst wie mit Fremdlingen umzugehen. Diese erhabene Geistesstimmung ist das Loos starker und philosophischer Gemüther, die durch fortgesetzte Arbeit an sich selbst den eigennützigen Trieb unterjochen gelernt haben. Auch der schmerzhafteste Verlust führt sie nicht über eine ruhige Wehmuth hinaus, mit der sich noch immer ein merklicher Grad des Vergnügens gatten kann. Sie, die allein fähig sind sich von sich selbst zu trennen, genießen allein das Vorrecht, an sich selbst Theil zu nehmen, und eigenes Leiden in dem milden Wiederschein der Sympathie zu empfinden.

Schon das bisherige enthält Winke genug, die uns auf die Quellen des Vergnügens, das der Affekt an sich selbst, und vorzüglich der traurige, gewährt, aufmerksam machen. Es ist größer, wie man gesehen hat, in moralischen Gemüthern, und wirkt desto freyer, jemehr das Gemüth von dem eigennützigen Triebe unabhängig ist. Es ist ferner lebhafter und stärker in traurigen Affekten, wo die Selbstliebe gekränkt wird, als in fröhlichen, welche eine Befriedigung derselben voraussetzen; also wächst es, wo der eigennützige Trieb beleidigt und nimmt ab, wo diesem Triebe geschmeichelt wird. Wir kennen aber nicht mehr als zweyerley Quellen des Vergnügens, die Befriedigung des Glükseligkeitstriebes und die Erfüllung moralischer Gesetze; eine Lust also, von der man bewiesen hat, daß sie nicht aus der erstern Quelle entsprang, muß nothwendig aus der zweyten ihren Ursprung nehmen. Aus unserer moralischen Natur also quillt die Lust hervor, wodurch uns schmerzhafte Affekte in der Mittheilung entzücken, und, auch sogar ursprünglich empfunden, in gewissen Fällen noch angenehm rühren.

Man hat es auf mehrere Art versucht, das Vergnügen des Mitleids zu erklären; aber die wenigsten Auflösungen konnten befriedigend ausfallen, weil man den Grund der Erscheinung lieber in begleitenden Umständen, als in der Natur des Affekts selbst aufsuchte. Vielen ist das Vergnügen des Mitleids nichts anders, als das Vergnügen der Seele an ihrer Empfindsamkeit; andern die Lust an starkbeschäftigten Kräften, lebhafter Wirksamkeit des Begehrungsvermögens, kurz an einer Befriedigung des Thätigkeitstriebes; andre lassen sie aus der Entdeckung sittlich schöner Karakterzüge, die der Kampf mit dem Unglük und mit der Leidenschaft sichtbar mache, entspringen. Noch immer aber bleibt unaufgelößt, warum gerade die Pein selbst, das eigentliche Leiden, bey Gegenständen des Mitleids uns am mächtigsten anzieht, da nach jenen Erklärungen ein schwächerer Grad des Leidens den angeführten Ursachen unsrer Lust an der Rührung offenbar günstiger seyn müßte. Die Lebhaftigkeit und Stärke der in unsrer Phantasie erweckten Vorstellungen, die sittliche Vortreflichkeit der leidenden Personen, der Rückblick des mitleidenden Subjekts auf sich selbst können die Lust an Rührungen wohl erhöhen, aber sie sind die Ursache nicht, die sie hervorbringt. Das Leiden einer schwachen Seele, der Schmerz eines Bösewichts gewähren uns diesen Genuß freylich nicht, aber deswegen nicht, weil sie unser Mitleid nicht in dem Grade wie der leidende Held oder der kämpfende Tugendhafte erregen. Stets also kehrt die erste Frage zurück, warum eben just der Grad des Leidens den Grad der sympathetischen Lust an einer Rührung bestimme, und sie kann auf keine andre Art beantwortet werden, als daß gerade der Angriff auf unsre Sinnlichkeit die Bedingung sey, diejenige Kraft des Gemüths aufzuregen, deren Thätigkeit jenes Vergnügen an sympathetischem Leiden erzeugt.

Diese Kraft nun ist keine andre, als die Vernunft, und in so fern die freye Wirksamkeit derselben als absolute Selbstthätigkeit, vorzugsweise den Nahmen der Thätigkeit verdient, in so fern sich das Gemüth nur in seinem sittlichen Handeln vollkommen unabhängig und frey fühlt, in so fern ist es freylich der befriedigte Trieb der Thätigkeit, von welchem unser Vergnügen an traurigen Rührungen seinen Ursprung zieht. Aber so ist es auch nicht die Menge, nicht die Lebhaftigkeit der Vorstellungen, nicht die Wirksamkeit des Begehrungsvermögens überhaupt, sondern eine bestimmte Gattung der erstern, und eine bestimmte, durch Vernunft erzeugte Wirksamkeit des letztern, was diesem Vergnügen zum Grund liegt.

Der mitgetheilte Affekt überhaupt hat also etwas ergötzendes für uns, weil er den Thätigkeitstrieb befriedigt; der traurige Affekt leistet jene Wirkung in einem höhern Grade, weil er diesen Trieb in einem höhern Grade befriedigt. Nur im Zustand seiner vollkommenen Freyheit, nur im Bewußtseyn seiner vernünftigen Natur äussert das Gemüth seine höchste Thätigkeit, weil es da allein eine Kraft anwendet, die jedem Widerstand überlegen ist.

Derjenige Zustand des Gemüths also, der vorzugsweise diese Kraft zu ihrer Verkündigung bringt, diese höhere Thätigkeit weckt, ist der zweckmäßigste für ein vernünftiges Wesen, und für den Thätigkeitstrieb der befriedigendste; er muß also mit einem vorzüglichen Grade von Lust verknüpft seyn*. In einen solchen Zustand versetzt uns der traurige Affekt, und die Lust an demselben muß die Lust an fröhlichen Affekten in eben dem Grad übertreffen, als das sittliche Vermögen in uns über das sinnliche erhaben ist.

Was in dem ganzen System der Zwecke nur ein untergeordnetes Glied ist, darf die Kunst aus diesem Zusammenhang absondern, und als Hauptzweck verfolgen. Für die Natur mag das Vergnügen nur ein mittelbarer Zweck seyn, für die Kunst ist es der höchste. Es gehört also vorzüglich zum Zweck der letztern, das hohe Vergnügen nicht zu vernachläßigen, das in der traurigen Rührung enthalten ist. Diejenige Kunst aber, welche sich das Vergnügen des Mitleids ins besondre zum Zweck setzt, heißt die tragische Kunst im allgemeinsten Verstande.

Die Kunst erfüllt ihren Zweck durch Nachahmung der Natur, indem sie die Bedingungen erfüllt, unter welchen das Vergnügen in der Wirklichkeit möglich wird, und die zerstreuten Anstalten der Natur zu diesem Zwecke nach einem verständigen Plan vereinigt, um das, was diese bloß zu ihrem Nebenzweck machte, als letzten Zweck zu erreichen. Die tragische Kunst wird also die Na-

---

* Siehe die Abhandlung über den Grund des Vergnügens an tragischen Gegenständen.

tur in denjenigen Handlungen nachahmen, welche den mitleidenden Affekt vorzüglich zu erwecken vermögen.

Um also der tragischen Kunst ihr Verfahren im allgemeinen vorzuschreiben, ist es vor allem nöthig, die Bedingungen zu wissen, unter welchen nach der gewöhnlichen Erfahrung das Vergnügen der Rührung am gewissesten und am stärksten erzeugt zu werden pflegt; zugleich aber auch auf diejenigen Umstände aufmerksam zu machen, welche es einschränken oder gar zerstören.

Zwey entgegengesetzte Ursachen giebt die Erfahrung an, welche das Vergnügen an Rührungen hindern: wenn das Mitleid entweder zu schwach, oder, wenn es so stark erregt wird, daß der mitgetheilte Affekt zu der Lebhaftigkeit eines ursprünglichen übergeht. Jenes kann wieder entweder an der Schwäche des Eindrucks liegen, den wir von dem ursprünglichen Leiden erhalten, in welchem Falle wir sagen, daß unser Herz kalt bleibt, und weder Schmerz noch Vergnügen empfinden; oder es liegt an stärkern Empfindungen, welche den empfangenen Eindruck bekämpfen und durch ihr Uebergewicht im Gemüth das Vergnügen des Mitleids schwächen oder gänzlich ersticken.

Nach dem, was im vorhergehenden Aufsatz über den Grund des Vergnügens an tragischen Gegenständen behauptet wurde, ist bey jeder tragischen Rührung die Vorstellung einer Zweckwidrigkeit, welche, wenn die Rührung ergötzend seyn soll, jederzeit auf eine Vorstellung von höherer Zweckmäßigkeit leitet. Auf das Verhältniß dieser beyden entgegengesetzten Vorstellungen unter einander kommt es nun an, ob bey einer Rührung die Lust oder die Unlust hervorstechen soll. Ist die Vorstellung der Zweckwidrigkeit lebhafter als die des Gegentheils, oder ist der verletzte Zweck von größerer Wichtigkeit, als der erfüllte, so wird jederzeit die Unlust die Oberhand behalten; es mag dieses nun objektiv von der menschlichen Gattung überhaupt, oder blos subjektiv von besondern Individuen gelten.

Wenn die Unlust über die Ursache eines Unglücks zu stark wird, so schwächt sie unser Mitleid mit demjenigen, der es erleidet. Zwey ganz verschiedne Empfindungen können nicht zu gleicher Zeit in einem hohen Grade in dem Gemüthe vorhanden seyn. Der Unwille über den Urheber des Leidens wird zum herrschenden Affekt, und jedes andere Gefühl muß ihm weichen. So schwächt es jederzeit unseren Antheil, wenn sich der Unglückliche, den wir bemitleiden sollen, aus eigner unverzeihlicher Schuld in sein Verderben gestürzt hat, oder sich auch aus Schwäche des Verstandes und aus Kleinmuth nicht, da er es doch könnte, aus demselben zu ziehen weiß. Unserm Antheil an dem unglücklichen, von seinen undankbaren Töchtern mißhandelten, L e a r schadet es nicht wenig, daß dieser kindische Alte seine Krone so leichtsinnig hingab, und seine Liebe so unverständig unter seinen Töchtern vertheilte. In dem Kronegkischen Trauerspiel, Olint und Sophronia, kann selbst das fürchterlichste Leiden, dem wir diese beyden Märtyrer ihres Glaubens ausgesetzt sehen, unser Mitleid, und ihr erhabener Heroismus unsre Bewunderung nur schwach erregen, weil der Wahnsinn allein eine Handlung begehen kann, wie diejenige ist, wodurch Olynt sich selbst und sein ganzes Volk an den Rand des Verderbens führte.

Unser Mitleid wird nicht weniger geschwächt, wenn der Urheber eines Unglücks, dessen schuldlose Opfer wir bemitleiden sollen, unsre Seele mit Abscheu erfüllt. Es wird jederzeit der höchsten Vollkommenheit seines Werks Abbruch thun, wenn der tragische Dichter nicht ohne einen Bösewicht auskommen kann, und wenn er gezwungen ist, die Größe des Leidens von der Größe der Bosheit herzuleiten. Shakespears Jago und Lady Makbeth, Kleopatra in der Rodogune, Franz Moor in den Räubern, zeugen für diese Behauptung. Ein Dichter, der sich auf seinen wahren Vortheil versteht, wird das Unglück nicht durch einen bösen Willen, der Unglück beabsichtet, noch viel weniger durch einen Mangel des Verstandes, sondern durch den Zwang der Umstände herbeyführen. Entspringt dasselbe nicht aus unmoralischen Quellen, sondern von äußerlichen Dingen, die weder Willen haben, noch einem Willen unterworfen sind, so ist das Mitleid reiner, und wird zum wenigsten durch keine Vorstellung moralischer Zweckwidrigkeit geschwächt. Aber dann kann dem theilnehmenden Zuschauer das unangenehme Gefühl einer Zweckwidrigkeit in der Natur nicht erlassen werden, welche in diesem Fall allein die moralische Zweckmäßigkeit retten kann. Zu einem weit höhern Grad steigt das Mitleid, wenn sowohl derjenige, welcher leidet, als derjenige, welcher Leiden verursacht, Gegenstände desselben werden. Dieß kann nur dann geschehen, wenn der letztere weder unsern Haß noch unsre Verachtung erregte, sondern wider seine Neigung dahin gebracht wird, Urheber des Unglücks zu werden. So ist es eine vorzügliche Schönheit in der deutschen **Iphigenia**, daß der Taurische König, der einzige, der den Wünschen Orests und seiner Schwester im Wege steht, nie unsre Achtung verliert, und uns zuletzt noch Liebe abnöthigt.

Diese Gattung des Rührenden wird noch von derjenigen übertroffen, wo die Ursache des Unglücks nicht allein nicht der Moralität widersprechend, sondern sogar durch Moralität allein möglich ist, und wo das wechselseitige Leiden bloß von der Vorstellung herrührt, daß man Leiden erweckte. Von dieser Art ist die Situation Chimenens und Roderichs im Cid des Peter Corneille; ohnstreitig, was die Verwicklung betrifft, dem Meisterstück der tragischen Bühne. Ehrliebe und Kindespflicht bewafnen Roderichs Hand gegen den Vater seiner Geliebten, und Tapferkeit macht ihn zum Ueberwinder desselben; Ehrliebe und Kindespflicht erwecken ihm in Chimenen, der Tochter des Erschlagenen, eine furchtbare Anklägerinn und Verfolgerinn. Beyde handeln ihrer Neigung entgegen, welche vor dem Unglück des verfolgten Gegenstandes eben so ängstlich zittert, als eifrig sie die moralische Pflicht macht, dieses Unglück herbey zu rufen. Beyde also gewinnen unsre höchste Achtung, weil sie auf Kosten der Neigung eine moralische Pflicht erfüllen; beyde entflammen unser Mitleid aufs höchste, weil sie freywillig und aus einem Beweggrunde leiden, der sie in hohem Grade achtungswürdig macht. Hier also wird unser Mitleid so wenig durch widrige Gefühle gestört, daß es vielmehr in doppelter Flamme auflodert; bloß die Unmöglichkeit mit der höchsten Würdigkeit zum Glücke die Idee des Unglücks zu vereinbaren, könnte unsre sympat*he*tische Lust noch durch eine Wolke des Schmerzens trüben. Wie viel auch schon dadurch gewonnen wird, daß unser Unwille über diese Zweckwidrigkeit kein moralisches Wesen trift, sondern an den unschädlichsten Ort, auf die Nothwendigkeit a b g e l e i t e t wird, so ist eine blinde Unterwürfigkeit unter das Schicksal immer demüthigend und kränkend für freye sich selbst bestimmende Wesen. Dieß ist es, was uns auch in den vortreflichsten Stücken der Griechischen Bühne etwas zu wünschen übrig läßt, weil in allen diesen Stücken zuletzt an die Nothwendigkeit appellirt wird, und für unsre Vernunftfodernde Vernunft immer ein unaufgelöster Knoten zurück bleibt.

Aber auf der höchsten und letzten Stufe welche der moralischgebildete Mensch erklimmt; und zu welcher die rührende Kunst sich erheben kann, löst sich auch dieser, und jeder Schatten von Unlust verschwindet mit ihm. Dieß geschieht, wenn selbst diese Unzufriedenheit mit dem Schicksal hinwegfällt, und sich in die Ahndung oder lieber in ein deutliches Bewußtseyn einer teleologischen Verknüpfung der Dinge, einer erhabenen Ordnung, eines gütigen Willens verliert. Dann gesellt sich zu unserm Vergnügen an moralischer Uebereinstimmung die erquickende Vorstellung der vollkommensten Zweckmäßigkeit im großen Ganzen der Natur, und die scheinbare Verletzung derselben, welche uns in dem einzelnen Falle Schmerzen erweckte, wird bloß ein Stachel für unsre Vernunft, in allgemeinen Gesetzen eine Rechtfertigung dieses besondern Falls aufzusuchen und den einzelnen Mißlaut in der großen Harmonie aufzulösen. Zu dieser reinen Höhe tragischer Rührung hat sich die griechische Kunst nie erhoben, weil weder die Volksreligion noch selbst die Philosophie der Griechen ihnen so weit voranleuchtete. Der neuern Kunst, welche den Vortheil genießt, von einer geläuterten Philosophie einen reinern Stoff zu empfangen, ist es aufbehalten, auch diese höchste Foderung zu erfüllen, und so die ganze moralische Würde der Kunst zu entfalten. Müßten wir Neuern wirklich darauf Verzicht thun, griechische Kunst je wieder herzustellen, wo nicht gar zu übertreffen, so dürfte die Tragödie allein eine Ausnahme machen. Ihr allein ersetzt vielleicht unsre wissenschaftliche Kultur den Raub, den sie an der Kunst überhaupt verübte.

So, wie die tragische Rührung durch Einmischung widriger Vorstellungen und Gefühle geschwächt, und dadurch die Lust an derselben vermindert wird, so kann sie im Gegentheil durch zu große Annäherung an den ursprünglichen Affekt zu einem Grade ausschweifen, der den Schmerz überwiegend macht. Es ist bemerkt worden, daß die Unlust in Affekten von der Beziehung ihres Gegenstandes auf unsere Sinnlichkeit, so wie die Lust an denselben von Beziehung des Affekts selbst auf unsre Sittlichkeit seinen Ursprung nehme. Es wird also zwischen Sinnlichkeit und Sittlichkeit ein bestimmtes Verhältniß vorausgesetzt, welches das Verhältniß der Unlust zu der Lust in traurigen Rührungen entscheidet, und welches nicht verändert oder umgekehrt werden kann, ohne zugleich die Gefühle von Lust und Unlust bey Rührungen umzukehren, oder in ihr Gegentheil zu verwandeln. Je lebhafter die Sinnlichkeit erwacht, desto schwächer wird die Sittlichkeit wirken, und umgekehrt, jemehr jene von ihrer Macht verliert, desto mehr wird diese an Stärke gewinnen. Was also der Sinnlichkeit in unserm Gemüthe ein Uebergewicht giebt, muß nothwendiger Weise, weil es die Sittlichkeit einschränkt, unser Vergnügen an Rührungen vermindern, das allein aus dieser Sittlichkeit fließt; so wie alles, was dieser letztern in unserm Gemüth einen Schwung giebt, sogar in ursprünglichen Affekten dem Schmerz seinen Stachel nimmt. Unsre Sinnlichkeit erlangt aber dieses Uebergewicht wirklich, wenn sich die Vorstellungen des Leidens zu einem solchen Grade der Lebhaftigkeit erheben, der uns keine Möglichkeit übrig läßt, den mitgetheilten Affekt von einem ursprünglichen, unser eigenes Ich von dem leidenden Subjekt oder Wahrheit von Dichtung zu unterscheiden. Sie erlangt gleichfalls das Uebergewicht, wenn ihr durch Anhäufung ihrer Gegenstände, und durch das blendende Licht, das eine aufgeregte Einbildungskraft darüber verbreitet, Nahrung gegeben wird. Nichts hingegen ist geschickter, sie in ihre Schranken zurück zu weisen, als der Beystand übersinnlicher, sittlicher Ideen, an denen sich die unterdrückte Vernunft, wie an geistigen Stützen, aufrichtet, um sich über den trüben Dunstkreis der Gefühle in einen heitrern Horizont zu erheben. Daher der große Reitz, welchen allgemeine Wahrheiten oder Sittensprüche, an der rechten Stelle in den dramatischen Dialog eingestreut, für alle gebildete Völker gehabt haben, und der fast übertriebene Gebrauch, den schon die Griechen davon machten. Nichts ist einem sittlichen Gemüthe willkommener, als nach einem lang anhaltenden Zustand des bloßen Leidens aus der Dienstbarkeit der Sinne zur Selbstthätigkeit geweckt, und in seine Freyheit wieder eingesetzt zu werden.

Soviel von den Ursachen, welche unser Mitleiden einschränken und dem Vergnügen an der traurigen Rührung im Wege stehen. Jetzt sind die Bedingungen aufzuzählen, unter welchen das Mitleid befördert, und die Lust der Rührung am unfehlbarsten und am stärksten erweckt wird.

Alles Mitleid setzt Vorstellungen des Leidens voraus, und nach der Lebhaftigkeit, Wahrheit, Vollständigkeit und Dauer der letztern richtet sich auch der Grad der erstern.

I. Je lebhafter die Vorstellungen, desto mehr wird das Gemüth zur Thätigkeit eingeladen, desto mehr wird seine Sinnlichkeit gereizt, desto mehr also auch sein sittliches Vermögen zum Widerstand aufgefodert. Vorstellungen des Leidens lassen sich aber auf zwey verschiedenen Wegen erhalten, welche der Lebhaftigkeit des Eindrucks nicht auf gleiche Art günstig sind. Ungleich stärker affiziren uns Leiden, von denen wir Zeugen sind, als solche, die wir erst durch Erzählung oder Beschreibung erfahren. Jene heben das freye Spiel unsrer Einbildungskraft auf, und dringen, da sie unsre Sinnlichkeit unmittelbar treffen, auf dem kürzesten Weg zu unserm Herzen. Bey der Erzählung hingegen wird das Besondre erst zum Allgemeinen erhoben, und aus diesem dann das Besondre erkannt, also schon durch diese nothwendige Operation des Verstandes dem Eindruck sehr viel von seiner Stärke entzogen. Ein schwacher Eindruck aber wird sich des Gemüths nicht ungetheilt bemächtigen, und fremdartigen Vorstellungen Raum geben, seine Wirkung zu stören und die Aufmerksamkeit zu zerstreuen. Sehr oft versetzt uns auch die erzählende Darstellung aus dem Gemüthszustand der handelnden Personen in den des Erzählers, welches die, zum Mitleid so nothwendige, Täuschung unterbricht. So oft der Erzähler in eigner Person sich vordringt, entsteht ein Stillstand in der Handlung, und darum unvermeidlich auch in unserm theilnehmenden Affekt; dieß ereignet sich selbst dann, wenn sich der dramatische Dichter im Dialog vergißt, und der sprechenden Person Betrachtungen in den Mund legt, die nur ein kalter Zuschauer anstellen konnte. Von diesem Fehler dürfte schwerlich eine unsrer neuern Tragödien frey seyn, doch haben ihn die französischen allein zur Regel erhoben. Unmittelbare lebendige Gegenwart und Versinnlichung sind also nöthig, unsern Vorstellungen vom Leiden diejenige Stärke zu geben, die zu einem hohen Grade von Rührung erfodert wird.

II. Aber wir können die lebhaftesten Eindrücke von einem Leiden erhalten, ohne doch zu einem merklichen Grad des Mitleids gebracht zu werden, wenn es diesen Eindrücken an Wahrheit fehlt. Wir müssen uns einen Begriff von dem Leiden machen, an dem wir Theil nehmen sollen; dazu gehört eine Uebereinstimmung desselben mit Etwas, was schon vorher in uns vorhanden ist. Die Möglichkeit des Mitleids beruht nehmlich auf der Wahrnehmung oder Voraussetzung einer Aehnlichkeit zwischen uns und dem leidenden Subjekt. Ueberall, wo diese Aehnlichkeit sich erkennen läßt, ist das Mitleid nothwendig, wo sie fehlt, unmöglich. Je sichtbarer und größer die Aehnlichkeit, desto lebhafter unser Mitleid, je geringer jene, desto schwächer auch dieses. Es müssen, wenn wir den Affekt eines andern ihm nachempfinden sollen, alle innern Bedingungen zu diesem Affekt in uns selbst vorhanden seyn, damit die äußre Ursache, die durch ihre Vereinigung mit jenen dem Affekt die Entstehung gab, auch auf uns eine gleiche Wirkung äußern könne. Wir müssen, ohne uns Zwang anzuthun, die Person mit ihm zu wechseln, unser eigenes Ich seinem Zustande augenblicklich unterzuschieben fähig seyn. Wie ist es aber möglich, den Zustand eines Andern in uns zu empfinden, wenn wir nicht Uns zuvor in diesem Andern gefunden haben?

Diese Aehnlichkeit geht auf die ganze Grundlage des Gemüths, in so fern diese allgemein und nothwendig ist. Allgemeinheit und Nothwendigkeit aber enthält vorzugsweise unsre sittliche Natur. Das sinnliche Vermögen kann durch zufällige Ursachen anders bestimmt werden; selbst unsre Erkenntnißvermögen sind von veränderlichen Bedingungen abhängig; unsre Sittlichkeit allein ruht auf sich selbst, und ist eben darum am tauglichsten, einen allgemeinen und sichern Maasstab dieser Aehnlichkeit abzugeben. Eine Vorstellung also, welche wir mit unsrer Form zu denken und zu empfinden übereinstimmend finden, welche mit unsrer eignen Gedankenreihe schon in gewisser Verwandtschaft steht, welche von unserm Gemüth mit Leichtigkeit aufgefaßt wird, nennen wir **wahr**. Betrift die Aehnlichkeit das Eigenthümliche unsers Gemüths, die **besondern** Bestimmungen des allgemeinen Menschenkarakters in uns, welche sich unbeschadet dieses allgemeinen Karakters hinwegdenken lassen, so hat diese Vorstellung bloß Wahrheit für **uns**; betrift sie die allgemeine und nothwendige Form, welche wir bey der ganzen Gattung voraussetzen, so ist die Wahrheit der objektiven gleich zu achten. Für den Römer hat der Richterspruch des ersten Brutus, der Selbstmord des Cato subjektive Wahrheit. Die Vorstellungen und Gefühle, aus denen die Handlungen dieser beyden Männer fließen, folgen nicht unmittelbar aus der allgemeinen, sondern mittelbar aus einer besonders bestimmten menschlichen Natur. Um diese Gefühle mit ihnen zu theilen, muß man eine römische Gesinnung besitzen, oder doch zu augenblicklicher Annahme der letztern fähig seyn. Hingegen braucht man bloß **Mensch überhaupt** zu seyn, um durch die heldenmüthige Aufopferung eines Leonidas, durch die ruhige Ergebung eines Aristid, durch den freywilligen Tod eines Sokrates in eine hohe Rührung versetzt, um durch den schrecklichen Glückswechsel eines Darius zu Thränen hingerissen zu werden. Solchen Vorstellungen räumen wir, im Gegensatz mit jenen, objektive Wahrheit ein, weil sie mit der Natur **aller** Subjekte übereinstimmen, und dadurch eine eben so strenge Allgemeinheit und Nothwendigkeit erhalten, als wenn sie von jeder subjektiven Bedingung unabhängig wären.

Uebrigens ist die subjektiv wahre Schilderung, weil sie auf zufällige Bestimmungen geht, darum nicht mit willkührlichen zu verwechseln. Zuletzt fließt auch das subjektiv Wahre aus der allgemeinen Einrichtung des menschlichen Gemüths, welche bloß durch besondre Umstände besonders bestimmt ward, und beyde sind gleich nothwendige Bedingungen desselben. Die Entschließung des Cato könnte, wenn sie den allgemeinen Gesetzen der menschlichen Natur widerspräche, auch nicht mehr subjektiv wahr seyn. Nur haben Darstellungen der letztern Art einen engeren Wirkungskreis, weil sie noch andre Bestimmungen als jene allgemeinen voraussetzen. Die tragische Kunst kann sich ihrer mit großer intensiver Wirkung bedienen, wenn sie der extensiven entsagen will; doch wird das unbedingt Wahre, das bloß Menschliche in menschlichen Verhältnissen stets ihr ergiebigster Stoff seyn, weil sie bey diesem allein, ohne darum auf die Stärke des Eindrucks Verzicht thun zu müssen, der Allgemeinheit desselben versichert ist.

III. Zu der Lebhaftigkeit und Wahrheit tragischer Schilderungen wird drittens noch Vollständigkeit verlangt. Alles, was von aussen gegeben werden muß, um das Gemüth in die abgezweckte Bewegung zu setzen, muß in der Vorstellung erschöpft seyn. Wenn sich der noch so römischgesinnte Zuschauer den Seelenzustand des Cato zu eigen machen, wenn er die letzte Entschließung dieses Republikaners zu der seinigen machen soll, so muß er diese Entschließung nicht bloß in der Seele des Römers, auch in den Umständen gegründet finden, so muß ihm die äussere sowohl als innre Lage desselben in ihrem ganzen Zusammenhang und Umfang vor Augen liegen, so darf auch kein einziges Glied aus der Kette von Bestimmungen fehlen, an welche sich der letzte Entschluß des Römers als nothwendig anschließt. Ueberhaupt ist selbst die Wahrheit einer Schilderung ohne diese Vollständigkeit nicht erkennbar, denn nur die Aehnlichkeit der Umstände, welche wir vollkommen einsehen müssen, kann unser Urtheil über die Aehnlichkeit der Empfindungen rechtfertigen, weil nur aus der Vereinigung der äussern und innern Bedingungen der Affekt entspringt. Wenn entschieden werden soll, ob wir wie Cato würden gehandelt haben, so müssen wir uns vor allen Dingen in Catos ganze äußre Lage hinein denken, und dann erst sind wir befugt, unsre Empfindungen gegen die seinigen zu halten, einen Schluß auf die Aehnlichkeit zu machen, und über die Wahrheit derselben ein Urtheil zu fällen.

Diese Vollständigkeit der Schilderung ist nur durch Verknüpfung mehrerer einzelnen Vorstellungen und Empfindungen möglich, die sich gegen einander als Ursache und Wirkung verhalten, und in ihrem Zusammenhang ein Ganzes für unsre Erkenntniß ausmachen. Alle diese Vorstellungen müssen, wenn sie uns lebhaft rühren sollen, einen unmittelbaren Eindruck auf unsre Sinnlichkeit machen, und weil die erzählende Form jederzeit diesen Eindruck schwächt, durch eine gegenwärtige Handlung veranlaßt werden. Zur Vollständigkeit einer tragischen Schilderung gehört also eine Reihe einzelner versinnlichter Handlungen, welche sich zu der tragischen Handlung als zu einem Ganzen verbinden.

IV. Fortdauernd endlich müssen die Vorstellungen des Leidens auf uns wirken, wenn ein hoher Grad von Rührung durch sie erweckt werden soll. Der Affekt, in welchen uns fremde Leiden versetzen, ist für uns ein Zustand des Zwanges, aus welchem wir eilen, uns zu befreyen, und allzuleicht verschwindet die zum Mitleid so unentbehrliche Täuschung. Das Gemüth muß also an diese Vorstellungen gewaltsam gefesselt, und der Freyheit beraubt werden, sich der Täuschung zu frühzeitig zu entreißen. Die Lebhaftigkeit der Vorstellungen, und die Stärke der Eindrücke, welche unsre Sinnlichkeit überfallen, ist dazu allein nicht hinreichend, denn je heftiger das empfangende Vermögen gereizt wird, desto stärker äussert sich die rückwirkende Kraft der Seele, um diesen Eindruck zu besiegen. Diese selbstthätige Kraft aber darf der Dichter nicht schwächen, der uns rühren will; denn eben im Kampfe derselben mit dem Leiden der Sinnlichkeit liegt der hohe Genuß, den uns die traurigen Rührungen ge-

Ueber die tragische Kunst 57

währen. Wenn also das Gemüth, seiner widerstrebenden Selbstthätigkeit ungeachtet, an die Empfindungen des Leidens geheftet bleiben soll, so müssen diese periodenweise geschickt unterbrochen, ja von entgegengesetzten Empfindungen abgelößt werden – um alsdann mit zunehmender Stärke zurück zu kehren, und die Lebhaftigkeit des ersten Eindrucks desto öfter zu erneuern. Gegen Ermattung, gegen die Wirkungen der Gewohnheit ist der Wechsel der Empfindungen das kräftigste Mittel. Dieser Wechsel frischt die erschöpfte Sinnlichkeit wieder an, und die Gradation der Eindrücke weckt das selbstthätige Vermögen zum verhältnismäßigen Widerstand. Unaufhörlich muß dieses geschäftig seyn, gegen den Zwang der Sinnlichkeit seine Freyheit zu behaupten, aber nicht früher als am Ende den Sieg erlangen, und noch weit weniger im Kampf unterliegen; sonst ist es im ersten Falle um das Leiden, im zweyten um die Thätigkeit gethan, und nur die Vereinigung von beidem erweckt ja die Rührung. In der geschickten Führung dieses Kampfes beruht eben das große Geheimniß der tragischen Kunst; da zeigt sie sich in ihrem glänzendsten Lichte.

Auch dazu ist nun eine Reihe abwechselnder Vorstellungen, also eine zweckmäßige Verknüpfung mehrerer, diesen Vorstellungen entsprechender Handlungen nothwendig, an denen sich die Haupthandlung, und durch sie der abgezielte tragische Eindruck vollständig, wie ein Knäuel von der Spindel, abwindet, und das Gemüth zuletzt wie mit einem unzerreißbaren Netze umstrickt. Der Künstler, wenn mir dieses Bild hier verstattet ist, sammelt erst wirthschaftlich alle einzelnen Strahlen des Gegenstandes, den er zum Werkzeug seines tragischen Zweckes macht, und sie werden unter seinen Händen zum Blitz, der alle Herzen entzündet. Wenn der Anfänger den ganzen Donnerstrahl des Schreckens und der Furcht auf einmal und fruchtlos in die Gemüther schleudert, so gelangt jener Schritt vor Schritt durch lauter kleine Schläge zum Ziel, und durchdringt eben dadurch die Seele ganz, daß er sie nur allmählig und gradweise rührte.

Wenn wir nunmehr die Resultate aus den bisherigen Untersuchungen ziehen, so sind es folgende Bedingungen, welche der tragischen Rührung zum Grunde liegen. Erstlich muß der Gegenstand unsers Mitleids zu unsrer Gattung, im ganzen Sinn dieses Worts, gehören, und die Handlung, an der wir Theil nehmen sollen, eine moralische, d. i. unter dem Gebiet der Freyheit begriffen sein. Zweytens muß uns das Leiden, seine Quellen und seine Grade, in einer Folge verknüpfter Begebenheiten vollständig mitgetheilt und zwar drittens sinnlich vergegenwärtigt, nicht mittelbar durch Beschreibung, sondern unmittelbar durch Handlung dargestellt werden. Alle diese Bedingungen vereinigt und erfüllt die Kunst in der Tragödie.

Die Tragödie wäre demnach dichterische Nachahmung einer zusammenhängenden Reihe von Begebenheiten (einer vollständigen Handlung) welche uns Menschen in einem Zustand des Leidens zeigt, und zur Absicht hat, unser Mitleid zu erregen.

Sie ist erstlich Nachahmung – einer Handlung. Der Begriff der Nachahmung unterscheidet sie von den übrigen Gattungen der Dichtkunst, welche bloß erzählen oder beschreiben. In Tragödien werden die einzelnen Begebenheiten im Augenblick ihres Geschehens, als gegenwärtig, vor die Einbildungskraft oder vor die Sinne gestellt; unmittelbar, ohne Einmischung eines dritten. Die Epopee, der Roman, die einfache Erzählung rücken die Handlung, schon ihrer Form nach, in die Ferne, weil sie zwischen den Leser und die handelnden Personen den Erzähler einschieben. Das Entfernte, das Vergangene schwächt aber, wie bekannt ist, den Eindruck und den theilnehmenden Affekt; das Gegenwärtige verstärkt ihn. Alle erzählende Formen machen das Gegenwärtige zum Vergangenen; alle dramatische machen das Vergangene gegenwärtig.

Die Tragödie ist zweytens Nachahmung einer Reihe von

Begebenheiten, einer Handlung. Nicht bloß die Empfindungen und Affekte der tragischen Personen, sondern die Begebenheiten, aus denen sie entsprangen und auf deren Veranlassung sie sich äussern, stellt sie nachahmend dar; dieß unterscheidet sie von den lyrischen Dichtungsarten, welche zwar ebenfalls gewisse Zustände des Gemüths poetisch nachahmen, aber nicht Handlungen. Eine Elegie, ein Lied, eine Ode können uns die gegenwärtige, durch besondre Umstände bedingte, Gemüthsbeschaffenheit des Dichters (sey es in seiner eignen Person oder in idealischer) nachahmend vor Augen stellen, und in so ferne sind sie zwar unter dem Begriff der Tragödie mit enthalten, aber sie machen ihn noch nicht aus, weil sie sich bloß auf Darstellungen von Gefühlen einschränken. Noch wesentlichere Unterschiede liegen in dem verschiedenen Zweck dieser Dichtungsarten.

Die Tragödie ist drittens Nachahmung einer **vollständigen Handlung**. Ein einzelnes Ereigniß, wie tragisch es auch seyn mag, giebt noch keine Tragödie. Mehrere als Ursache und Wirkung in einander gegründete Begebenheiten müssen sich mit einander zweckmäßig zu einem Ganzen verbinden, wenn die Wahrheit, d.i. die Uebereinstimmung eines vorgestellten Affekts, Karakters und dergleichen mit der Natur unsrer Seele, auf welche allein sich unsre Theilnahme gründet, erkannt werden soll. Wenn wir es nicht fühlen, daß wir selbst bey gleichen Umständen eben so würden gelitten und eben so gehandelt haben, so wird unser Mitleid nie erwachen. Es kommt also darauf an, daß wir die vorgestellte Handlung in ihrem ganzen Zusammenhang verfolgen, daß wir sie aus der Seele ihres Urhebers durch eine natürliche Gradation unter Mitwirkung äußrer Umstände hervorfließen sehen. So entsteht und wächst und vollendet sich vor unsern Augen die Neugier des Oedipus, die Eifersucht des Othello. So kann auch allein der große Abstand ausgefüllt werden, der sich zwischen dem Frieden einer schuldlosen Seele und den Gewissensqualen eines Verbrechers, zwischen der stolzen Sicherheit eines Glücklichen und seinem schrecklichen Untergang, kurz, der sich zwischen der ruhigen Gemüthsstimmung des Lesers am Anfang und der heftigen Aufregung seiner Empfindungen am Ende der Handlung findet.

Eine Reihe mehrerer zusammenhängender Vorfälle wird erfodert, einen Wechsel der Gemüthsbewegungen in uns zu erregen, der die Aufmerksamkeit spannt, der jedes Vermögen unsers Geists aufbietet, den ermattenden Thätigkeitstrieb ermuntert, und durch die verzögerte Befriedigung ihn nur desto heftiger entflammt. Gegen die Leiden der Sinnlichkeit findet das Gemüth nirgends als in der Sittlichkeit Hülfe. Diese also desto dringender aufzufodern, muß der tragische Künstler die Martern der Sinnlichkeit verlängern; aber auch dieser muß er Befriedigungen zeigen, um jener den Sieg desto schwerer und rühmlicher zu machen. Beydes ist nur durch eine Reihe von Handlungen möglich, die mit weiser Wahl zu dieser Absicht verbunden sind.

Die Tragödie ist viertens poetische Nachahmung einer mitleidswürdigen Handlung, und dadurch wird sie der historischen entgegengesetzt. Das letztere würde sie seyn, wenn sie einen historischen Zweck verfolgte, wenn sie darauf ausgienge, von geschehenen Dingen und von der Art ihres Geschehens zu unterrichten. In diesem Falle müßte sie sich streng an historische Richtigkeit halten, weil sie einzig nur durch treue Darstellung des wirklich Geschehenen ihre Absicht erreichte. Aber die Tragödie hat einen poetischen Zweck, d.i. sie stellt eine Handlung dar, um zu rühren, und durch Rührung zu ergötzen. Behandelt sie also einen gegebenen Stoff nach diesem ihrem Zwecke, so wird sie eben dadurch in der Nachahmung frey; sie erhält Macht, ja Verbindlichkeit, die historische Wahrheit den Gesetzen der Dichtkunst unter zu ordnen, und den gegebenen Stoff nach ihrem Bedürfnisse zu bearbeiten. Da sie aber ihren Zweck, die Rührung, nur unter der Bedingung der höchsten Uebereinstimmung mit den Gesetzen der Natur zu erreichen im Stand ist, so steht sie, ihrer historischen Freyheit unbeschadet, unter dem strengen Gesetz der Naturwahrheit, welche man im Gegensatz von der historischen die poetische Wahrheit nennt. So läßt sich begreifen, wie bey strenger Beobachtung der historischen Wahrheit nicht selten die poetische leiden, und umgekehrt bey grober Verletzung der historischen die poetische nur um so mehr gewinnen kann. Da der tragische Dichter, so wie überhaupt jeder Dichter, nur unter dem Gesetz der poetischen Wahrheit steht, so kann die gewissenhafteste Beobachtung der historischen ihn nie von seiner Dichterpflicht lossprechen, nie einer Uebertretung der poetischen Wahrheit, nie einem Mangel des Interesse zur Entschuldigung gereichen. Es verräth daher sehr beschränkte Begriffe von der tragischen Kunst, ja von der Dichtkunst überhaupt, den Tragödiendichter vor das Tribunal der Geschichte zu ziehen, und Unterricht von demjenigen zu fodern, der sich schon vermöge seines Nahmens bloß zu Rührung und Ergötzung verbindlich macht. Sogar dann, wenn sich der Dichter selbst durch eine ängstliche Unterwürfigkeit gegen historische Wahrheit seines Künstlervorrechts begeben, und der Geschichte eine Gerichtsbarkeit über sein Produkt stillschweigend eingeräumt haben sollte, fodert die Kunst ihn mit allem Rechte vor ihren Richterstuhl, und ein Tod Hermanns, eine Minona, ein Fust von Stromberg würden, wenn sie hier die Prüfung nicht aushielten, bey noch so pünktlicher Befolgung des Kostüme, des Volks- und des Zeitkarakters mittelmäßige Tragödien heissen.

Die Tragödie ist fünftens Nachahmung einer Handlung, welche uns Menschen im Zustand des Leidens zeigt. Der Ausdruck, Menschen, ist hier nichts weniger als müßig, und dient dazu, die Grenzen genau zu bezeichnen, in welche die Tragödie in der Wahl ihrer Gegenstände eingeschränkt ist. Nur das Leiden sinnlichmoralischer Wesen, dergleichen wir selbst sind, kann unser Mitleid erwecken. Wesen also, die sich von aller Sittlichkeit lossprechen, wie sich der Aberglaube des Volks oder die Einbildungskraft der Dichter die bösen Dämonen mahlt, und Menschen, welche ihnen gleichen – Wesen ferner, die von dem Zwange der Sinnlichkeit befreyt sind, wie wir uns die reinen Intelligenzen denken, und Menschen, die sich in höherm Grade, als die menschliche Schwachheit erlaubt, diesem Zwange entzogen haben, sind gleich untauglich für die Tragödie. Ueberhaupt bestimmt schon der Begriff des Leidens, und eines Leidens an dem wir Theil nehmen sollen, daß nur Menschen im vollen Sinne dieses Worts der Gegenstand desselben seyn können. Eine reine Intelligenz kann nicht leiden, und ein menschliches Subjekt, das sich dieser reinen Intelligenz in ungewöhnlichem Grade nähert, kann, weil es in seiner sittlichen Natur einen zu schnellen Schutz gegen die Leiden einer schwachen Sinnlichkeit findet, nie einen großen Grad von Pathos erwecken. Ein durchaus sinnliches Subjekt ohne Sittlichkeit, und solche, die ihm nähern, sind zwar des fürchterlichsten Grades von Leiden fähig, weil ihre Sinnlichkeit in überwiegendem Grade wirkt, aber von keinem sittlichen Gefühl aufgerichtet, werden sie diesem Schmerz zum Raube – und von einem Leiden, von einem durchaus hülflosen Leiden, von einer absoluten Unthätigkeit der Vernunft wenden wir uns mit Unwillen und Abscheu hinweg. Der tragische Dichter giebt also mit Recht den gemischten Karakteren den Vorzug, und das Ideal seines Helden liegt in gleicher Entfernung zwischen dem ganz verwerflichen und dem vollkommenen.

Die Tragödie endlich vereinigt alle diese Eigenschaften, um den mitleidigen Affekt zu erregen. Mehrere von den Anstalten, welche der tragische Dichter macht, ließen sich ganz füglich zu einem andern Zweck, z. B. einem moralischen, einem historischen u. a. benutzen; daß er aber gerade diesen und keinen andern sich vorsetzt, befreyt ihn von allen Foderungen, die mit diesem Zweck nicht zusammen hängen, verpflichtet ihn aber auch zugleich, bey jeder besondern Anwendung der bisher aufgestellten Regeln sich nach diesem letzten Zwecke zu richten.

Der letzte Grund, auf den sich alle Regeln für eine bestimmte Dichtungsart beziehen, heißt der Zweck dieser Dichtungsart; die Verbindung der Mittel, wodurch eine Dichtungsart ihren Zweck erreicht, heißt ihre Form. Zweck und Form stehen also mit einander in dem genauesten Verhältniß. Diese wird durch jenen bestimmt, und als nothwendig vorgeschrieben, und der erfüllte Zweck wird das Resultat der glücklich beobachteten Form seyn.

Da jede Dichtungsart einen ihr eigenthümlichen Zweck verfolgt, so wird sie sich eben deswegen durch eine eigenthümliche Form von den übrigen unterscheiden, denn die Form ist das Mittel, durch welches sie ihren Zweck erreicht. Eben das, was sie ausschließend vor den übrigen leistet, muß sie vermöge derjenigen Beschaffenheit leisten, die sie vor den übrigen ausschließend besitzt. Der Zweck der Tragödie ist: Rührung, ihre Form: Nachahmung einer zum Leiden führenden Handlung. Mehrere Dichtungsarten können mit der Tragödie einerley Handlung zu ihrem Gegenstand haben. Mehrere Dichtungsarten können den Zweck der Tragödie, die Rührung, wenn gleich nicht als Hauptzweck, verfolgen. Das Unterscheidende der Letztern besteht also im Verhältniß der Form zu dem Zwecke, d.i. in der Art und Weise wie sie ihren Gegenstand in Rücksicht auf ihren Zweck behandelt, wie sie ihren Zweck durch ihren Gegenstand erreicht.

Wenn der Zweck der Tragödie ist, den mitleidigen Affekt zu erregen, ihre Form aber das Mittel ist, durch welches sie diesen Zweck erreicht, so muß Nachahmung einer rührenden Handlung der Inbegriff aller Bedingungen seyn, unter welchen der mitleidige Affekt am stärksten erregt wird. Die Form der Tragödie ist also die günstigste, um den mitleidigen Affekt zu erregen.

Das Produkt einer Dichtungsart ist vollkommen, in welchem die eigenthümliche Form dieser Dichtungsart zu Erreichung ihres Zweckes am besten benutzt worden ist. Eine Tragödie also ist vollkommen, in welcher die tragische Form, nehmlich die Nachahmung einer rührenden Handlung am besten benutzt worden ist, den mitleidigen Affekt zu erregen. Diejenige Tragödie würde also die vollkommenste seyn, in welcher das erregte Mitleid weniger Wirkung des Stoffs als der am besten benutzten tragischen Form ist. Diese mag für das Ideal der Tragödie gelten.

Viele Trauerspiele, sonst voll hoher poetischer Schönheit, sind dramatisch tadelhaft, weil sie den Zweck der Tragödie nicht durch die beste Benutzung der tragischen Form zu erreichen suchen; andre sind es, weil sie durch die tragische Form einen andern Zweck als den der Tragödie erreichen. Nicht wenige unsrer beliebtesten Stücke rühren uns einzig des Stoffes wegen, und wir sind großmüthig oder unaufmerksam genug, diese Eigenschaft der Materie dem ungeschickten Künstler als Verdienst anzurechnen. Bey andern scheinen wir uns der Absicht gar nicht zu erinnern, in welcher uns der Dichter im Schauspielhause versammelt hat, und, zufrieden durch glänzende Spiele der Einbildungskraft und des Witzes angenehm unterhalten zu seyn, bemerken wir nicht einmal, daß wir ihn mit kaltem Herzen verlassen. Soll die ehrwürdige Kunst, (denn das ist sie, die zu dem göttlichen Theil unsers Wesens spricht) ihre Sache durch solche Kämpfer vor solchen Kampfrichtern führen? – Die Genügsamkeit des Publikums ist nur ermunternd für die Mittelmäßigkeit, aber beschimpfend und abschreckend für das Genie.

Das Pathetischerhabene

Wenn uns ein Gegenstand nicht bloß als Macht überhaupt, sondern zugleich als eine dem Menschen verderbliche Macht objektiv gegeben wird – wenn er also seine Gewalt nicht bloß z e i g t, sondern sie wirklich feindlich ä u ß e r t, so steht es der Einbildungskraft nicht mehr frey, ihn auf den Erhaltungstrieb zu beziehen, sondern sie m u ß, sie wird objektiv dazu genöthigt. Wirkliches Leiden aber gestattet kein aesthetisches Urtheil, weil es die Freyheit des Geistes aufhebt. Also darf es nicht das urtheilende Subjekt seyn, an welchem der furchtbare Gegenstand seine zerstörende Macht beweißt d.i. wir dürfen nicht s e l b s t sondern bloß s y m p a t e t h i s c h leiden. Aber auch das sympathetische Leiden ist für die Sinnlichkeit schon zu angreifend, wenn das Leiden a u s s e r uns Existenz hat. Der theilnehmende Schmerz überwiegt allen aesthetischen Genuß. Nur alsdann, wenn das Leiden entweder bloße Illusion und Erdichtung ist, oder (im Fall, daß es in der Wirklichkeit statt gefunden hätte) wenn es nicht unmittelbar den Sinnen, sondern der Einbildungskraft vorgestellt wird, kann es aesthetisch werden, und ein Gefühl des Erhabenen erregen. Die Vorstellung eines fremden Leidens, verbunden mit Affekt und mit dem Bewußtseyn unsrer innern moralischen Freyheit, ist P a t h e t i s c h e r h a b e n.

Die Sympathie oder der theilnehmende (mitgetheilte) Affekt ist keine freye Aeußerung unsers Gemüths, die wir erst selbstthätig in uns hervorbringen müßten, sondern eine unwillkührliche, durch das Naturgesetz bestimmte, Affektion des Gefühlvermögens. Es kommt gar nicht auf unsern Willen an, ob wir das Leiden eines Geschöpfs mit empfinden wollen. Sobald wir eine Vorstellung davon haben, m ü s s e n wir es. Die N a t u r, nicht unsre F r e y h e i t handelt, und die Gemüthsbewegung eilt dem Entschluß zuvor.

Sobald wir also objektiv die Vorstellung eines Leidens erhalten, so muß, vermöge des unveränderlichen Naturgesetzes der Sympathie, in uns selbst ein Nachgefühl dieses Leidens erfolgen. Dadurch machen wir es gleichsam zu dem unsrigen. Wir leiden mit. Nicht bloß die theilnehmende Betrübniß, das Gerührtseyn über fremdes Unglück, heißt Mitleiden, sondern jeder traurige Affekt ohne Unterschied, den wir einem andern nachempfinden; also giebt es so viele Arten des Mitleidens, als es verschiedene Arten des ursprünglichen Leidens giebt: mitleidende Furcht, mitl. Schrecken, mitl. Angst, mitl. Entrüstung, mitl. Verzweiflung.

Wenn aber das Affekt erregende (oder Pathetische) einen Grund des Erhabenen abgeben soll, so darf es nicht bis zum wirklichen Selbstleiden getrieben werden. Auch mitten im heftigsten Affekt müssen wir uns von dem selbstleidenden Subjekt unterscheiden, denn es ist um die Freyheit des Geistes geschehen, sobald die Täuschung sich in völlige Wahrheit verwandelt.

Wird das Mitleiden zu einer solchen Lebhaftigkeit erhöht, daß wir uns mit dem Leidenden ernstlich verwechseln, so beherrschen wir den Affekt nicht mehr, sondern er beherrscht uns. Bleibt hingegen die Sympathie in ihren aesthetischen Gränzen, so vereinigt sie zwey Hauptbedingungen des Erhabenen: sinnlichlebhafte Vorstellung des Leidens mit dem Gefühl eigner Sicherheit verbunden.

Aber dieses Gefühl der Sicherheit bey der Vorstellung fremder Leiden ist ganz und gar nicht der Grund des Erhabenen, und überhaupt nicht die Quelle des Vergnügens, das wir aus dieser Vorstellung schöpfen. Erhaben wird das Pathetische bloß allein durch das Bewußtseyn unsrer moralischen, nicht unsrer physischen Freyheit. Nicht weil wir uns durch unser gutes Geschick diesem Leiden entzogen sehen (denn da würden wir noch immer einen sehr schlechten Gewährsmann für unsre Sicherheit haben) sondern weil wir unser moralisches Selbst der Kausalität dieses Leidens, nehmlich seinem Einfluß auf unsre Willensbestimmung entzogen fühlen, erhebt es unser Gemüth und wird pathetisch erhaben.

Es ist nicht schlechterdings nöthig, daß man die Seelenstärke wirklich in sich fühle, bey ernstlich eintretender Gefahr seine moralische Freyheit zu behaupten. Nicht von dem was geschieht, sondern von dem was geschehen soll und kann, ist hier die Rede; von unsrer Bestimmung nicht von unserm wirklichen Thun, von der Kraft, nicht von Anwendung derselben. Indem wir ein schwerbeladnes Frachtschiff im Sturm untergehen sehen, so können wir uns an der Stelle des Kaufmanns, dessen ganzer Reichthum hier von dem Wasser verschlungen wird, recht sehr unglücklich fühlen. Aber zugleich fühlen wir doch auch, daß dieser Verlust nur zufällige Dinge betrifft und daß es Pflicht ist, sich darüber zu erheben. Es kann aber nichts Pflicht seyn, was unerfüllbar ist, und was geschehen soll, muß nothwendig geschehen können. Daß wir uns aber über einen Verlust hinwegsetzen können, der uns als Sinnenwesen mit Recht so empfindlich ist, beweißt ein Vermögen in uns, welches nach ganz andern Gesetzen handelt, als das sinnliche, und mit dem Naturtrieb nichts gemein hat. Erhaben aber ist alles, was dieses Vermögen in uns zum Bewußtseyn bringt.

Man kann sich also recht gut sagen, daß man den Verlust dieser Güter nichts weniger als gelassen ertragen werde, dieses hindert das Gefühl des Erhabenen gar nicht – wenn man nur fühlt, daß man sich darüber hinwegsetzen sollte und daß es Pflicht ist, ihnen keinen Einfluß auf die Selbstbestimmung der Vernunft zu gestatten. Wer freylich auch nicht einmal dafür Sinn hat; an dem ist alle ästhetische Kraft des Großen und Erhabenen verloren.

Es erfodert also doch wenigstens eine Fähigkeit des Gemüths, sich seiner Vernunftbestimmung bewußt zu werden, und eine Empfänglichkeit für die Idee der Pflicht, wenn man auch gleich die Schranken erkennt, welche die schwache Menschheit ihrer Ausübung setzen dürfte. Es würde überhaupt um das Wohlgefallen am Guten sowohl als am Erhabenen mißlich stehen, wenn man nur Sinn für das haben könnte, was man selber erreicht hat oder zu erreichen sich zutraut. Aber es ist ein achtungswerther Karakterzug der Menschheit, daß sie sich wenigstens in **aesthetischen** Urtheilen zu der guten Sache bekennt, auch wenn sie **gegen sich selbst** sprechen müßte, und daß sie den reinen Ideen der Vernunft in der Empfindung wenigstens huldigt, wenn sie gleich nicht immer Stärke genug hat, wirklich darnach zu **handeln**.

Zum **Pathetischerhabenen** werden also zwey Hauptbedingungen erfodert. **Erstlich** eine lebhafte Vorstellung des **Leidens**, um den mitleidenden Affekt in der gehörigen Stärke zu erregen. **Zweytens** eine Vorstellung des **Widerstandes** gegen das Leiden, um die innre Gemüthsfreyheit ins Bewußtseyn zu rufen. Nur durch das erste wird der Gegenstand **pathetisch**, nur durch das zweyte wird das pathetische zugleich **erhaben**.

Aus diesem Grundsatz fließen die beiden Fundamentalgesetze aller tragischen Kunst. Diese sind **erstlich**: Darstellung der leidenden Natur; **zweytens**: Darstellung der moralischen Selbstständigkeit im Leiden.

Ueber das Pathetische

Darstellung des Leidens – als bloßen Leidens – ist niemals Zweck der Kunst, aber als Mittel zu ihrem Zweck ist sie derselben äußerst wichtig. Der letzte Zweck der Kunst ist die Darstellung des Uebersinnlichen und die tragische Kunst insbesondere bewerkstelligt dieses dadurch, daß sie uns die moralische Independenz von Naturgesetzen im Zustand des Affekts versinnlicht. Nur der Widerstand, den es gegen die Gewalt der Gefühle äußert, macht das freye Princip in uns kenntlich; der Widerstand aber kann nur nach der Stärke des Angriffs geschätzt werden. Soll sich also die Intelligenz im Menschen als eine, von der Natur unabhängige, Kraft offenbaren, so muß die Natur ihre ganze Macht erst vor unsern Augen bewiesen haben. Das Sinnenwesen muß tief und heftig leiden; Pathos muß da seyn, damit das Vernunftwesen seine Unabhängigkeit kund thun und sich handelnd darstellen könne.

Man kann niemals wissen, ob die Fassung des Gemüths eine Wirkung seiner moralischen Kraft ist, wenn man nicht überzeugt worden ist, daß sie keine Wirkung der Unempfindlichkeit ist. Es ist keine Kunst, über Gefühle Meister zu werden, die nur die Oberfläche der Seele leicht und flüchtig bestreichen, aber in einem Sturm, der die ganze sinnliche Natur aufregt, seine Gemüthsfreyheit zu behalten, dazu gehört ein Vermögen des Widerstandes, das über alle Naturmacht unendlich erhaben ist. Man gelangt also zur Darstellung der moralischen Freyheit nur durch die lebendigste Darstellung der leidenden Natur, und der tragische Held muß sich erst als empfindendes Wesen bey uns legitimirt haben, ehe wir ihm als Vernunftwesen huldigen, und an seine Seelenstärke glauben.

Pathos ist also die erste und unnachlaßliche Foderung an den tragischen Künstler, und es ist ihm erlaubt, die Darstellung des Leidens so weit zu treiben, als es, ohne

Nachtheil für seinen letzten Zweck, ohne Unterdrückung der moralischen Freyheit, geschehen kann. Er muß gleichsam seinem Helden oder seinem Leser die ganze volle Ladung des Leidens geben, weil es sonst immer problematisch bleibt, ob sein Widerstand gegen dasselbe eine Gemüthshandlung, etwas p o s i t i v e s, und nicht vielmehr bloß etwas n e g a t i v e s und ein Mangel ist.

Dieß letztere ist der Fall bey dem Trauerspiel der ehemaligen Franzosen, wo wir höchst selten oder nie die l e i d e n d e N a t u r zu Gesicht bekommen, sondern meistens nur den kalten, deklamatorischen Poeten oder auch den auf Stelzen gehenden Komödianten sehen. Der frostige Ton der Deklamation erstickt alle wahre Natur, und den französischen Tragikern macht es ihre angebetete D e z e n z vollends ganz unmöglich, die Menschheit in ihrer Wahrheit zu zeichnen. Die D e z e n z verfälscht überall, auch wenn sie an ihrer rechten Stelle ist, den Ausdruck der Natur, und doch fodert diesen die Kunst unnachlaßlich. Kaum können wir es einem französischen Trauerspielhelden glauben, daß er l e i d e t, denn er läßt sich über seinen Gemüthszustand heraus wie der ruhigste Mensch, und die unaufhörliche Rücksicht auf den Eindruck, den er auf andere macht, erlaubt ihm nie, der Natur in sich ihre Freyheit zu lassen. Die Könige, Prinzessinnen und Helden eines Corneille und Voltaire vergessen ihren R a n g auch im heftigsten Leiden nie, und ziehen weit eher ihre M e n s c h h e i t als ihre W ü r d e aus. Sie gleichen den Königen und Kaisern in den alten Bilderbüchern, die sich mit samt der Krone zu Bette legen.

Wie ganz anders sind die G r i e c h e n und diejenigen unter den Neuern, die in ihrem Geiste gedichtet haben. Nie schämt sich der Grieche der Natur, er läßt der Sinnlichkeit ihre vollen Rechte, und ist dennoch sicher, daß er nie von ihr unterjocht werden wird. Sein tiefer und richtiger Verstand läßt ihn das Zufällige, das der schlechte Geschmack zum Hauptwerke macht, von dem Nothwendigen unterscheiden; alles aber, was nicht Menschheit ist, ist zufällig an dem Menschen. Der griechische Künstler, der einen Laokoon, eine Niobe, einen Philoktet darzustellen hat, weiß von keiner Prinzessin, keinem König und keinem Königsohn; er hält sich nur an den Menschen. Deßwegen wirft der weise Bildhauer die Bekleidung weg, und zeigt uns bloß nackende Figuren; ob er gleich sehr gut weiß, daß dieß im wirklichen Leben nicht der Fall war. Kleider sind ihm etwas zufälliges, dem das nothwendige niemals nachgesetzt werden darf, und die Gesetze des Anstands oder des Bedürfnisses sind nicht die Gesetze der Kunst. Der Bildhauer soll und will uns den Menschen zeigen, und Gewänder verbergen denselben; also verwirft er sie mit Recht.

Eben so wie der griechische Bildhauer die unnütze und hinderliche Last der Gewänder hinwegwirft, um der menschlichen Natur mehr Platz zu machen, so entbindet der griechische Dichter seine Menschen von dem eben so unnützen und eben so hinderlichen Zwang der Konvenienz und von allen frostigen Anstandsgesetzen, die an dem Menschen nur künsteln und die Natur an ihm verbergen. Die leidende Natur spricht wahr, aufrichtig und tiefeindringend zu unserm Herzen in der homerischen Dichtung und in den Tragikern: alle Leidenschaften haben ein freyes Spiel, und die Regel des Schicklichen hält kein Gefühl zurück. Die Helden sind für alle Leiden der Menschheit so gut empfindlich als andere, und eben das macht sie zu Helden, daß sie das Leiden stark und innig fühlen, und doch nicht davon überwältigt werden. Sie lieben das Leben so feurig wie wir andern, aber diese Empfindung beherrscht sie nicht so sehr, daß sie es nicht hingeben können, wenn die Pflichten der Ehre oder der Menschlichkeit es fodern. Philoktet erfüllt die griechische Bühne mit seinen Klagen, selbst der wüthende Herkules unterdrückt seinen Schmerz nicht. Die zum Opfer bestimmte Iphigenia gesteht mit rührender Offenheit, daß sie von dem Licht der Sonne mit Schmerzen scheide. Nirgends sucht der Grieche in der Abstumpfung und Gleichgültigkeit gegen das Leiden seinen Ruhm, sondern in Ertragung desselben bey allem Gefühl für dasselbe. Selbst die Götter der Griechen müssen der Natur einen Tribut entrichten, sobald sie der Dichter der Menschheit näher bringen will. Der verwundete Mars schreyt für Schmerz so laut auf, wie zehntausend Mann, und die von einer Lanze geritzte Venus steigt weinend zum Olymp, und verschwört alle Gefechte.

Diese zarte Empfindlichkeit für das Leiden, diese warme, aufrichtige, wahr und offen da liegende Natur, welche uns in den griechischen Kunstwerken so tief und lebendig rührt, ist ein Muster der Nachahmung für alle Künstler, und ein Gesetz, das der Griechische Genius der Kunst vorgeschrieben hat. Die erste Foderung an den Menschen macht immer und ewig die Natur, welche niemals darf abgewiesen werden; denn der Mensch ist – ehe er etwas anders ist – ein empfindendes Wesen. Die zweyte Foderung an ihn macht die Vernunft, denn er ist ein vernünftig empfindendes Wesen, eine moralische Person, und für diese ist es Pflicht, die Natur nicht über sich herrschen zu lassen, sondern sie zu beherrschen. Erst alsdann, wenn erstlich der NATUR ihr Recht ist angethan worden, und wenn zweytens die VERNUNFT das ihrige behauptet hat, ist es dem ANSTAND erlaubt, die dritte Foderung an den Menschen zu machen, und ihm, im Ausdruck, sowohl seiner Empfindungen als seiner Gesinnungen, Rücksicht gegen die Gesellschaft aufzulegen, und sich – als ein civilisirtes Wesen zu zeigen.

Das erste Gesetz der tragischen Kunst war Darstellung der leidenden Natur. Das zweyte ist Darstellung des moralischen Widerstandes gegen das Leiden.

Der Affekt, als Affekt, ist etwas gleichgültiges, und die Darstellung desselben würde, für sich allein betrachtet, ohne allen ästhetischen Werth seyn; denn um es noch einmal

Ueber das Pathetische

zu wiederholen, nichts was bloß die sinnliche Natur angeht, ist der Darstellung würdig. Daher sind nicht nur alle bloß erschlaffende (schmelzende) Affekte, sondern überhaupt auch alle höchsten Grade, von was für Affekten es auch sey, unter der Würde tragischer Kunst.

Die schmelzenden Affekte, die bloß zärtlichen Rührungen, gehören zum Gebiet des Angenehmen, mit dem die schöne Kunst nichts zu thun hat. Sie ergötzen bloß den Sinn durch Auflösung oder Erschlaffung, und beziehen sich bloß auf den äußern, nicht auf den innern Zustand des Menschen. Viele unsrer Romane und Trauerspiele, besonders der sogenannten Dramen (Mittelding zwischen Lustspiel und Trauerspiel) und der beliebten Familiengemählde gehören in diese Klasse. Sie bewirken bloß Ausleerungen des Thränensacks und eine wollüstige Erleichterung der Gefäße; aber der Geist geht leer aus, und die edlere Kraft im Menschen wird ganz und gar nicht dadurch gestärkt. Eben so, sagt Kant, fühlt sich mancher durch eine Predigt erbaut, wobey doch gar nichts in ihm aufgebaut worden ist. Auch die Musik der Neuern scheint es vorzüglich nur auf die Sinnlichkeit anzulegen, und schmeichelt dadurch dem herrschenden Geschmack, der nur angenehm gekitzelt nicht ergriffen, nicht kräftig gerührt, nicht erhoben seyn will. Alles schmelzende wird daher vorgezogen, und wenn noch so großer Lerm in einem Concertsaal ist, so wird plötzlich alles Ohr, wenn eine schmelzende Passage vorgetragen wird. Ein bis ins thierische gehender Ausdruck der Sinnlichkeit erscheint dann gewöhnlich auf allen Gesichtern, die trunkenen Augen schwimmen, der offene Mund ist ganz Begierde, ein wollüstiges Zittern ergreift den ganzen Körper, der Athem ist schnell und schwach, kurz alle Symptome der Berauschung stellen sich ein: zum deutlichen Beweise, daß die Sinne schwelgen, der Geist aber oder das Princip der Freyheit im Menschen der Gewalt des sinnlichen Eindrucks zum Raube wird. Alle diese Rührungen sage ich, sind durch einen edeln und männlichen Geschmack von der Kunst ausgeschlossen, weil sie bloß allein dem Sinne gefallen, mit dem die Kunst nichts zu verkehren hat.

Auf der andern Seite sind aber auch alle diejenigen Grade des Affekts ausgeschlossen, die den Sinn bloß quälen, ohne zugleich den Geist dafür zu entschädigen. Sie unterdrücken die Gemüthsfreyheit durch Schmerz nicht weniger als jene durch Wollust und können deßwegen bloß Verabscheuung und keine Rührung bewirken, die der Kunst würdig wäre. Die Kunst muß den Geist ergötzen und der Freyheit gefallen. Der, welcher einem Schmerz zum Raube wird, ist bloß ein gequältes Thier, kein leidender Mensch mehr; denn von dem Menschen wird schlechterdings ein moralischer Widerstand gegen das Leiden gefodert, durch den allein sich das Princip der Freyheit in ihm, die Intelligenz, kenntlich machen kann.

Aus diesem Grunde verstehen sich diejenigen Künstler und Dichter sehr schlecht auf ihre Kunst, welche das Pathos, durch die bloße sinnliche Kraft des Affekts und die höchstlebendigste Schilderung des Leidens, zu erreichen glauben. Sie vergessen, daß das Leiden selbst nie der letzte Zweck der Darstellung und nie die unmittelbare Quelle des Vergnügens seyn kann, das wir am Tragischen empfinden. Das Pathetische ist nur ästhetisch, in so fern es erhaben ist. Wirkungen aber, welche bloß auf eine sinnliche Quelle schließen lassen, und bloß in der Affektion des Gefühlvermögens gegründet sind, sind niemals erhaben, wieviel Kraft sie auch verrathen mögen: denn alles Erhabene stammt nur aus der Vernunft.

Eine Darstellung der bloßen Passion (sowohl der wollüstigen als der peinlichen) ohne Darstellung der übersinnlichen Widerstehungskraft heißt gemein, das Gegentheil heißt edel. Gemein und edel sind Begriffe, die überall, wo sie gebraucht werden, eine Beziehung auf den Antheil oder Nichtantheil der übersinnlichen Natur des Menschen an einer Handlung oder an einem Werke bezeichnen.

Nichts ist edel als was aus der Vernunft quillt; alles was die Sinnlichkeit für sich hervorbringt, ist gemein. Wir sagen von einem Menschen, er handle gemein, wenn er bloß den Eingebungen seines sinnlichen Triebes folgt, er handle anständig, wenn er seinem Trieb nur mit Rücksicht auf Gesetze folgt, er handle edel, wenn er bloß der Vernunft, ohne Rücksicht auf seine Triebe folgt. Wir nennen eine Gesichtsbildung gemein, wenn sie die Intelligenz im Menschen durch gar nichts kenntlich macht, wir nennen sie sprechend, wenn der Geist die Züge bestimmte, und edel, wenn ein reiner Geist die Züge bestimmte. Wir nennen ein Werk der Architektur gemein, wenn es uns keine andre als physische Zwecke zeigt, wir nennen es edel, wenn es, unabhängig von allen physischen Zwecken, zugleich Darstellung von Ideen ist.

Ein guter Geschmack also, sage ich, gestattet keine, wenn gleich noch so kraftvolle Darstellung des Affekts, die bloß physisches Leiden und physischen Widerstand ausdrückt, ohne zugleich die höhere Menschheit, die Gegenwart eines übersinnlichen Vermögens, sichtbar zu machen – und zwar aus dem schon entwickelten Grunde, weil nie das Leiden an sich, nur der Widerstand gegen das Leiden pathetisch und der Darstellung würdig ist. Daher sind alle absolut höchsten Grade des Affekts dem Künstler sowohl als dem Dichter untersagt; denn alle unterdrücken die innerlich widerstehende Kraft, oder setzen vielmehr die Unterdrückung derselben schon voraus, weil kein Affekt seinen absolut höchsten Grad erreichen kann, solange die Intelligenz im Menschen noch einigen Widerstand leistet.

Jetzt entsteht die Frage: wodurch macht sich diese übersinnliche Widerstehungskraft in einem Affekte kenntlich? Durch nichts anders, als durch Beherrschung oder, allgemeiner, durch Bekämpfung des Affekts. Ich sage des Affekts, denn auch die Sinnlichkeit kann kämpfen, aber das ist kein Kampf mit dem Affekt, sondern mit der Ursache, die ihn hervorbringt – kein moralischer sondern ein physischer Widerstand, den auch der Wurm äußert, wenn man ihn tritt, und der Stier, wenn man ihn verwundet, ohne deßwegen Pathos zu erregen. Daß der leidende Mensch seinen Gefühlen einen Ausdruck zu geben, daß er seinen Feind zu entfernen, daß er das leidende Glied in Sicherheit zu bringen sucht, hat er mit jedem Thiere gemein, und schon der Instinkt übernimmt dieses, ohne erst bey seinem Willen anzufragen. Das ist also noch kein Aktus seiner Humanität, das macht ihn als Intelligenz noch nicht kenntlich. Die Sinnlichkeit wird zwar jederzeit ihren Feind, aber niemals sich selbst bekämpfen.

Der Kampf mit dem Affekt hingegen ist ein Kampf mit der Sinnlichkeit, und setzt also etwas voraus, was von der Sinnlichkeit unterschieden ist. Gegen das Objekt, das ihn leiden macht, kann sich der Mensch mit Hülfe seines Verstandes und seiner Muskelkräfte wehren; gegen das Leiden selbst hat er keine andre Waffen als Ideen der Vernunft.

Diese müssen also in der Darstellung vorkommen, oder durch sie erweckt werden, wo Pathos statt finden soll. Nun sind aber Ideen im eigentlichen Sinn und positiv nicht darzustellen, weil ihnen nichts in der Anschauung entsprechen kann. Aber negativ und indirekt sind sie allerdings darzustellen, wenn in der Anschauung etwas gegeben wird, wozu wir die Bedingungen in der Natur vergebens aufsuchen. Jede Erscheinung, deren letzter Grund aus der Sinnenwelt nicht kann abgeleitet werden, ist eine indirekte Darstellung des Uebersinnlichen.

Wie gelangt nun die Kunst dazu, etwas vorzustellen, was über der Natur ist, ohne sich übernatürlicher Mittel zu bedienen? Was für eine Erscheinung muß das seyn, die durch natürliche Kräfte vollbracht wird (denn sonst wäre sie keine Erscheinung) und dennoch ohne Widerspruch aus physischen Ursachen nicht kann hergeleitet werden? Dieß ist die Aufgabe; und wie löst sie nun der Künstler?

Wir müssen uns erinnern, daß die Erscheinungen, welche im Zustand des Affekts an einem Menschen können wahrgenommen werden von zweyerley Gattung sind. Entweder es sind solche, die ihm bloß als Thier angehören und als solche bloß dem Naturgesetz folgen, ohne daß sein Wille sie beherrschen oder überhaupt die selbstständige Kraft in ihm unmittelbaren Einfluß darauf haben könnte. Der Instinkt erzeugt sie unmittelbar und blind gehorchen sie seinen Gesetzen. Dahin gehören z. B. die Werkzeuge des Blutumlaufs, des Athemholens, und die ganze Oberfläche der Haut. Aber auch diejenigen Werkzeuge, die dem Willen unterworfen sind, warten nicht immer die Entscheidung des Willens ab; sondern der Instinkt setzt sie oft unmittelbar in Bewegung, da besonders, wo dem physischen Zustand Schmerz oder Gefahr droht. So steht zwar unser Arm unter der Herrschaft des Willens, aber wenn wir unwissend etwas heißes angreifen, so ist das Zurückziehen der Hand gewiß keine Willenshandlung, sondern der Instinkt allein vollbringt sie. Ja noch mehr. Die Sprache ist gewiß etwas, was unter der Herrschaft des Willens steht, und doch kann auch der Instinkt sogar über dieses Werkzeug und Werk des Verstandes nach seinem Gutdünken disponiren, ohne erst bey dem Willen anzufragen, sobald ein großer Schmerz oder nur ein starker Affekt uns überrascht. Man lasse den gefaßtesten Stoiker auf einmal etwas höchst wunderbares oder unerwartet schreckliches erblicken; man lasse ihn dabey stehen, wenn jemand ausglitscht und in einen Abgrund fallen will, so wird ein lauter Ausruf und zwar kein bloß unartikulirter Ton, sondern ein ganz bestimmtes Wort, ihm unwillkührlich entwischen, und die Natur in ihm wird früher als der Wille gehandelt haben. Dieß dient also zum Beweis, daß es Erscheinungen an dem Menschen giebt, die nicht seiner Person als Intelligenz sondern bloß seinem Instinkt als einer Naturkraft können zugeschrieben werden.

Nun giebt es aber auch zweytens Erscheinungen an ihm, die unter dem Einfluß und unter der Herrschaft des Willens stehen, oder die man wenigstens als solche betrachten kann, die der Wille hätte verhindern können; welche also die Person und nicht der Instinkt zu verantworten hat. Dem Instinkt kommt es zu, das Interesse der Sinnlichkeit mit blindem Eifer zu besorgen, aber der Person kommt es zu, den Instinkt durch Rücksicht auf Gesetze zu beschränken. Der Instinkt achtet an sich selbst auf kein Gesetz, aber die Person hat dafür zu sorgen, daß den Vorschriften der Vernunft durch keine Handlung des Instinkts Eintrag geschehe. Soviel ist also gewiß, daß der Instinkt allein nicht alle Erscheinungen am Menschen im Affekt unbedingter weise zu bestimmen hat, sondern daß ihm durch den Willen des Menschen eine Grenze gesetzt werden kann. Bestimmt der Instinkt allein alle Erscheinungen am Menschen, so ist nichts mehr vorhanden, was an die Person erinnern könnte, und es ist bloß ein Naturwesen, also ein Thier, was wir vor uns haben; denn Thier heißt jedes Naturwesen unter der Herrschaft des Instinkts. Soll also die Person dargestellt werden, so müssen einige Erscheinungen am Menschen vorkommen, die entweder gegen den Instinkt oder doch nicht durch den Instinkt bestimmt worden sind. Schon daß sie nicht durch den Instinkt bestimmt wurden, ist hinreichend, uns auf eine höhere Quelle zu leiten, sobald wir nur einsehen, daß der Instinkt sie schlechterdings hätte anders bestimmen müssen, wenn seine Gewalt nicht wäre gebrochen worden.

Jetzt sind wir im Stande, die Art und Weise anzugeben, wie die übersinnliche selbstständige Kraft im Menschen, sein moralisches Selbst, im Affekt zur Darstellung gebracht werden kann. – Dadurch nehmlich, daß alle bloß der Natur gehorchende Theile, über welche der Wille entweder gar niemals oder wenigstens unter gewissen Umständen nicht disponiren kann, die Gegenwart des Leidens verrathen – diejenigen Theile aber, welche der blinden Gewalt des Instinkts entzogen sind, und dem Naturgesetz nicht nothwendig gehorchen, keine oder nur eine geringe Spur dieses Leidens zeigen, also in einem gewissen Grad frey erscheinen. An dieser Disharmonie nun zwischen denjenigen Zügen, die der animalischen Natur nach dem Gesetz der Nothwendigkeit eingeprägt werden, und zwischen denen die der selbstthätige Geist bestimmt, erkennt man die Gegenwart eines **übersinnlichen Princips im Menschen,** welches den Wirkungen der Natur eine Gränze setzen kann, und sich also eben dadurch als von derselben unterschieden kenntlich macht. Der bloß thierische Theil des Menschen folgt dem Naturgesetz, und darf daher von der Gewalt des Affekts unterdrückt erscheinen. An diesem Theil also offenbart sich die ganze Stärke des Leidens, und dient gleichsam zum Maaß, nach welchem der Widerstand geschätzt werden kann; denn man kann die Stärke des Widerstandes, oder die moralische Macht in dem Menschen, nur nach der Stärke des Angriffs beurtheilen. Je entscheidender und gewaltsamer nun der Affekt in dem **Gebiet der Thierheit** sich äußert, ohne doch im **Gebiet der Menschheit** dieselbe Macht behaupten zu können; desto mehr wird diese letztere kenntlich, desto glorreicher offenbart sich die moralische Selbstständigkeit des Menschen, desto pathetischer ist die Darstellung und desto erhabener das Pathos*.

---

* Unter dem Gebiet der Thierheit begreife ich das ganze System derjenigen Erscheinungen am Menschen, die unter der blinden Gewalt des Naturtriebes stehen und ohne Voraussetzung einer Freyheit des Willens vollkommen erklärbar sind; unter dem **Gebiet der Menschheit** aber diejenigen, welche ihre Gesetze von der Freyheit empfangen. **Mangelt** nun bey einer Darstellung der Affekt im Gebiet der Thierheit, so läßt uns dieselbe kalt; **herrscht** er hingegen im Gebiet der Menschheit, so ekelt sie uns an und empört. Im Gebiet der Thierheit muß der Affekt jederzeit **unaufgelöst** bleiben, sonst fehlt das Pathetische; erst im Gebiet der Menschheit darf sich die Auflösung finden. Eine leidende Person, klagend und weinend vorgestellt, wird daher nur schwach rühren, denn Klagen und Thränen lösen den Schmerz schon im Gebiet der Thierheit auf. Weit stärker ergreift uns der verbissene stumme Schmerz, wo wir bey der Natur keine Hülfe finden, sondern zu etwas, das über alle Natur hinausliegt, unsre Zuflucht nehmen müssen; und eben in dieser **Hinweisung auf das Uebersinnliche** liegt das Pathos und die tragische Kraft.

In den Bildsäulen der Alten findet man diesen ästhetischen Grundsatz anschaulich gemacht, aber es ist schwer, den Eindruck, den der sinnlich lebendige Anblick macht, unter Begriffe zu bringen, und durch Worte anzugeben. Die Gruppe des Laokoon und seiner Kinder ist ohngefähr ein Maaß für das, was die bildende Kunst der Alten im Pathetischen zu leisten vermochte. »Laokoon«, sagt uns Winkelmann in seiner Geschichte der Kunst (Seite 699 der Wiener Quartausgabe), »ist eine Natur im höchsten Schmerze, nach dem Bilde eines Mannes gemacht, der die bewußte Stärke des Geistes gegen denselben zu sammeln sucht; und indem sein Leiden die Muskeln aufschwellet, und die Nerven anziehet, tritt der mit Stärke bewaffnete Geist in der aufgetriebenen Stirne hervor, und die Brust erhebt sich durch den beklemmten Odem, und durch Zurückhaltung des Ausdrucks der Empfindung, um den Schmerz in sich zu fassen und zu verschließen. Das bange Seufzen, welches er in sich und den Odem an sich ziehet, erschöpft den Unterleib, und macht die Seiten hohl, welches uns gleichsam von der Bewegung seiner Eingeweide urtheilen läßt. Sein eigenes Leiden aber scheint ihn weniger zu beängstigen, als die Pein seiner Kinder, die ihr Angesicht zum Vater wenden und um Hülfe schreyen; denn das väterliche Herz offenbart sich in den wehmüthigen Augen, und das Mitleiden scheint in einem trüben Duft auf denselben zu schwimmen. Sein Gesicht ist klagend aber nicht schreyend, seine Augen sind nach der höhern Hülfe gewandt. Der Mund ist voll von Wehmuth und die gesenkte Unterlippe schwer von derselben: in der überwärts gezogenen Oberlippe aber ist dieselbe mit Schmerz vermischet, welcher mit einer Regung von Unmuth, wie über ein unverdientes unwürdiges Leiden, in die Nase hinauftritt, dieselbe schwellen macht, und sich in den erweiterten und aufwärts gezogenen Nüßen offenbaret. Unter der Stirn ist der Streit zwischen Schmerz und Widerstand, wie in einem Punkte vereinigt, mit großer Wahrheit gebildet; denn indem der Schmerz die Augenbrauen in die Höhe treibt, so drücket das Sträuben gegen denselben das obere Augenfleisch niederwärts und gegen das obere Augenlied zu, so daß dasselbe durch das übergetretene Fleisch beynahe ganz bedeckt wird. Die Natur, welche der Künstler nicht verschönern konnte, hat er ausgewickelter, angestrengter und mächtiger zu zeigen gesucht; da, wohin der größte Schmerz gelegt ist, zeigt sich auch die größte Schönheit. Die linke Seite, in welche die Schlange mit dem wüthenden Bisse ihr Gift ausgießet, ist diejenige, welche durch die nächste Empfindung zum Herzen am heftigsten zu leiden scheint. Seine Beine wollen sich erheben um seinem Uebel zu entrinnen; kein Theil ist in Ruhe, ja die Meißelstriche selbst helfen zur Bedeutung einer erstarrten Haut.«

Wie wahr und fein ist in dieser Beschreibung der Kampf der Intelligenz mit dem Leiden der sinnlichen Natur entwickelt, und wie treffend die Erscheinungen angegeben, in denen sich Thierheit und Menschheit, Naturzwang und Vernunftfreyheit offenbaren! Virgil schilderte bekanntlich denselben Auftritt in seiner Aeneis, aber es lag nicht in dem Plan des epischen Dichters, sich bey dem Gemüthszustand des Laokoon, wie der Bildhauer thun mußte, zu verweilen. Bey dem Virgil ist die ganze Erzählung bloß Nebenwerk, und die Absicht, wozu sie ihm dienen soll, wird hinlänglich durch die bloße Darstellung des Physischen erreicht, ohne daß er nöthig gehabt hätte, uns in die Seele des Leidenden tiefe Blicke thun zu lassen; da er uns nicht sowohl zum Mitleid bewegen als mit Schrecken durchdringen will. Die Pflicht des Dichters war also in dieser Hinsicht bloß negativ, nehmlich die Darstellung der leidenden Natur nicht soweit zu treiben, daß aller Ausdruck der Menschheit oder des moralischen Widerstandes dabey verloren gieng, weil sonst Unwille und Abscheu unausbleiblich erfolgen müßten. Er hielt sich daher lieber an Darstellung der Ursache des Leidens, und fand für gut, sich umständlicher über die Furchtbarkeit der beiden Schlangen und über die Wuth, mit der sie ihr Schlachtopfer anfallen, als über die Empfindungen desselben zu verbreiten. An diesen eilt er nur schnell vorüber, weil ihm daran liegen mußte, die Vorstellung eines göttlichen Strafgerichts und den Eindruck des Schreckens ungeschwächt zu erhalten. Hätte er uns hingegen von Laokoons Person soviel wissen lassen, als der Bildhauer, so würde nicht mehr die strafende Gottheit, sondern der leidende Mensch der Held in der Handlung gewesen seyn, und die Episode ihre Zweckmäßigkeit für das Ganze verloren haben.

Man kennt die Virgilische Erzählung schon aus Lessings vortrefflichem Kommentar. Aber die Absicht, wozu Lessing sie gebrauchte, war bloß, die Gränzen der poetischen und mahlerischen Darstellung an diesem Beyspiel anschaulich zu machen, nicht den Begriff des Pathetischen daraus zu entwickeln. Zu dem letztern Zweck scheint sie mir aber nicht weniger brauchbar, und man erlaube mir, sie in dieser Hinsicht noch einmal zu durchlaufen.

> Ecce autem gemini Tenedo tranquilla per alta
> (horresco referens) immensis orbibus angues
> incumbunt pelago, pariterque ad littora tendunt.
> Pectora quorum inter fluctus arrecta, jubaeque
> sanguineae exsuperant undas, pars caetera pontum
> pone legit, sinuatque immensa volumine terga.
> Fit sonitus spumante salo, jamque arva tenebant,
> ardenteis oculos suffecti sanguine et igni,
> sibila lambebant linguis vibrantibus ora.

Die erste von den drey oben angeführten Bedingungen des Erhabenen der Macht ist hier gegeben: eine mächtige Naturkraft nehmlich, die zur Zerstörung bewaffnet ist, und jedes Widerstandes spottet. Daß aber dieses Mächtige zugleich f u r c h t b a r, und das Furchtbare e r h a b e n werde, beruht auf zwey verschiedenen Operationen des Gemüths, d.i. auf zwey Vorstellungen die wir selbstthätig in uns erzeugen. Indem wir erstlich diese unwiderstehliche Naturmacht mit dem schwachen Widerstehungsvermögen des physischen Menschen zusammenhalten, erkennen wir sie als furchtbar, und indem wir sie zweytens auf unsern Willen beziehen und uns die absolute Unabhängigkeit desselben von jedem Natureinfluß ins Bewußtseyn rufen, wird sie uns zu einem erhabenen Objekt. Diese beiden Beziehungen aber stellen wir an; der Dichter gab uns weiter nichts als einen mit starker Macht bewaffneten und nach Aeußerung derselben strebenden Gegenstand. Wenn wir davor zittern, so geschieht es bloß, weil wir uns selbst oder ein uns ähnliches Geschöpf im Kampf mit demselben denken. Wenn wir uns bey diesem Zittern erhaben fühlen, so ist es, weil wir uns bewußt werden, daß wir, auch selbst als ein Opfer dieser Macht, für unser freyes Selbst, für die Avtonomie unserer Willensbestimmungen nichts zu fürchten haben würden. Kurz, die Darstellung ist bis hieher bloß kontemplativerhaben.

Diffugimus visu exsangues, illi agmine certo
Laocoonta petunt.

Jetzt wird das Mächtige zugleich als furchtbar gegeben, und das Kontemplativerhabene geht ins Pathetische über. Wir sehen es wirklich mit der Ohnmacht des Menschen in Kampf treten. Laokoon oder wir, das wirkt bloß dem Grad nach verschieden. Der sympathetische Trieb schreckt den Erhaltungstrieb auf, die Ungeheuer schießen los auf — uns, und alles Entrinnen ist vergebens.

Jetzt hängt es nicht mehr von uns ab, ob wir diese Macht mit der unsrigen messen und auf unsre Existenz beziehen wollen. Dieß geschieht ohne unser Zuthun in dem Objekte selbst. Unsre Furcht hat also nicht, wie im vorhergehenden Moment, einen bloß subjektiven Grund in unserm Gemüthe, sondern einen objektiven Grund in dem Gegenstand. Denn erkennen wir gleich das Ganze für eine bloße Fiction der Einbildungskraft, so unterscheiden wir doch auch in dieser Fiction eine Vorstellung, die uns von außen mitgetheilt wird, von einer andern, die wir selbstthätig in uns hervorbringen.

Das Gemüth verliert also einen Theil seiner Freyheit, weil es von außen empfängt, was es vorher durch seine Selbstthätigkeit erzeugte. Die Vorstellung der Gefahr erhält einen Anschein objektiver Realität und es wird Ernst mit dem Affekte.

Wären wir nun nichts als Sinnenwesen, die keinem andern als dem Erhaltungstriebe folgen, so würden wir hier stille stehen, und im Zustand des bloßen Leidens verharren. Aber etwas ist in uns, was an den Affektionen der sinnlichen Natur keinen Theil nimmt, und dessen Thätigkeit sich nach keinen physischen Bedingungen richtet. Je nachdem nun dieses selbstthätige Princip (die moralische Anlage) in einem Gemüth sich entwickelt hat, wird der leidenden Natur mehr oder weniger Raum gelassen seyn, und mehr oder weniger Selbstthätigkeit im Affekt übrig bleiben.

In moralischen Gemüthern geht das Furchtbare (der Einbildungskraft) schnell und leicht ins Erhabene über. So wie die Imagination ihre Freyheit verliert, so macht die Vernunft die ihrige geltend; und das Gemüth **erweitert sich nur desto mehr nach innen, indem es nach außen Gränzen findet.** Herausgeschlagen aus allen Verschanzungen, die dem Sinnenwesen einen physischen Schutz verschaffen können, werfen wir uns in die unbezwingliche Burg unsrer moralischen Freyheit, und gewinnen eben dadurch eine absolute und unendliche Sicherheit, indem wir eine bloß komparative und prekäre Schutzwehre im Feld der Erscheinung verloren geben. Aber eben darum, weil es zu diesem physischen Bedrängniß gekommen seyn muß, ehe wir bey unsrer moralischen Natur Hülfe suchen, so können wir dieses hohe Freyheitsgefühl nicht anders als mit Leiden erkaufen. Die gemeine Seele bleibt bloß bey diesem Leiden stehen, und fühlt im Erhabenen des Pathos nie mehr als das Furchtbare; ein selbstständiges Gemüth hingegen nimmt gerade von diesem Leiden den Uebergang zum Gefühl seiner herrlichsten Kraftwirkung und weiß aus jedem Furchtbaren ein Erhabenes zu erzeugen.

> Laocoonta petunt, ac primum parva duorum
> corpora gnatorum serpens amplexus uterque
> implicat, ac miseros morsu depascitur artus.

Es thut eine große Wirkung, daß der moralische Mensch (der Vater) eher als der physische angefallen wird. Alle Affekte sind ästhetischer aus der zweyten Hand und keine Sympathie ist stärker als die wir mit der Sympathie empfinden.

> Post ipsum, auxilio subeuntem ac tela ferentem
> corripiunt.

Jetzt war der Augenblick da, den Helden als moralische Person bey uns in Achtung zu setzen, und der Dichter ergriff diesen Augenblick. Wir kennen aus seiner Beschreibung die ganze Macht und Wuth der feindlichen Ungeheuer, und wissen, wie vergeblich aller Widerstand ist. Wäre nun Laokoon bloß ein gemeiner Mensch, so würde er seines Vortheils wahrnehmen, und wie die übrigen Trojaner in einer schnellen Flucht seine Rettung suchen. Aber er hat ein Herz in seinem Busen, und die Gefahr seiner Kinder hält ihn zu seinem eigenen Verderben zurück. Schon dieser einzige Zug macht ihn unsers ganzen Mitleidens würdig. In was für einem Moment auch die Schlangen ihn ergriffen haben möchten, es würde uns immer bewegt und erschüttert haben. Daß es aber gerade in d e m Momente geschieht, wo er als Vater uns achtungswürdig wird, daß sein Untergang gleichsam als unmittelbare Folge der erfüllten Vaterpflicht, der zärtlichen Bekümmerniß für seine Kinder vorgestellt wird – dieß entflammt unsre Theilnahme aufs höchste. Er ist es jetzt gleichsam selbst, der sich aus freyer Wahl dem Verderben hingiebt, und sein Tod wird eine Willenshandlung.

***

Bey allem Pathos muß also der Sinn durch Leiden, der Geist durch Freyheit interessiert seyn. Fehlt es einer pathetischen Darstellung an einem Ausdruck der leidenden Natur, so ist sie ohne ästhetische Kraft, und unser Herz bleibt kalt. Fehlt es ihr an einem Ausdruck der ethischen Anlage, so kann sie bey aller sinnlichen Kraft nie pathetisch seyn, und wird unausbleiblich unsre Empfindung empören. Aus aller Freyheit des Gemüths muß immer der leidende Mensch, aus allem Leiden der Menschheit muß immer der selbstständige oder der Selbstständigkeit fähige Geist durchscheinen.

Auf zweyerley Weise aber kann sich die Selbstständigkeit des Geistes im Zustand des Leidens offenbaren. Entweder negativ: wenn der ethische Mensch von dem physischen das Gesetz nicht empfängt, und dem Zustand keine Kausalität für die Gesinnung gestattet wird; oder positiv: wenn der ethische Mensch dem physischen das Gesetz giebt, und die Gesinnung für den Zustand Kausalität erhält. Aus dem ersten entspringt das Erhabene der Fassung, aus dem zweyten das Erhabene der Handlung.

Ein Erhabenes der Fassung ist jeder vom Schicksal unabhängige Charakter. »Ein tapfrer Geist, im Kampf mit der Widerwärtigkeit«, sagt Seneka, »ist ein anziehendes Schauspiel selbst für die Götter.« Einen solchen Anblick gibt uns der römische Senat nach dem Unglück bey Kannä. Selbst Miltons Lucifer, wenn er sich in der Hölle, seinem künftigen Wohnort, zum erstenmal umsieht, durchdringt uns, dieser Seelenstärke wegen, mit einem Gefühl von Bewunderung. »Schrecken, ich grüße euch«, ruft er aus, »und dich unterirrdische Welt und dich tiefste Hölle. Nimm auf deinen neuen Gast. Er kommt zu dir mit einem Gemüthe, das weder Zeit noch Ort umgestalten soll. In seinem Gemüthe wohnt er. Das wird ihm in der Hölle selbst einen Himmel erschaffen. Hier endlich sind wir frey u. s. f.« Die Antwort der Medea im Trauerspiel gehört in die nämliche Klasse.

Das Erhabene der Fassung läßt sich a n s c h a u e n, denn es beruht auf der Coexistenz; das Erhabene der Handlung hingegen läßt sich bloß d e n k e n, denn es beruht auf der Succession, und der Verstand ist nöthig, um das Leiden von einem freyen Entschluß abzuleiten. Daher ist nur das erste für den bildenden Künstler, weil dieser nur das Coexistente glücklich darstellen kann, der Dichter aber kann sich über beides verbreiten. Selbst, wenn der bildende Künstler eine erhabene H a n d l u n g darzustellen hat, muß er sie in eine erhabene Fassung verwandeln.

Zum Erhabenen der Handlung wird erfodert, daß das Leiden eines Menschen auf seine moralische Beschaffenheit nicht nur keinen Einfluß habe, sondern vielmehr umgekehrt das Werk seines moralischen Charakters sey. Dieß kann auf zweyerley Weise seyn. Entweder mittelbar und nach dem Gesetz der Freyheit, wenn er aus Achtung für irgend eine Pflicht das Leiden e r w ä h l t. Die Vorstellung der Pflicht bestimmt ihn in diesem Falle als M o t i v, und sein Leiden ist eine W i l l e n s h a n d l u n g. Oder unmittelbar und nach dem Gesetz der Nothwendigkeit, wenn er eine übertretene Pflicht moralisch b ü ß t. Die Vorstellung der Pflicht bestimmt ihn in diesem Falle als M a c h t, und sein Leiden ist bloß eine W i r k u n g. Ein Beyspiel des ersten gibt uns Regulus, wenn er um Wort zu halten, sich der Rachbegier der Karthaginienser ausliefert; zu einem Beyspiel des zweyten würde er uns dienen, wenn er sein Wort gebrochen und das Bewußtseyn dieser Schuld ihn elend gemacht hätte. In beyden Fällen hat das Leiden einen moralischen Grund, nur mit dem Unterschied, daß er uns in dem ersten Fall seinen moralischen Charakter, in dem andern bloß seine Bestimmung dazu zeigt. In dem ersten Fall erscheint er als eine moralisch große Person in dem zweyten bloß als ein ästhetisch großer Gegenstand.

Dieser letzte Unterschied ist wichtig für die tragische Kunst und verdient daher eine genauere Erörterung.

Ein erhabenes Objekt, bloß in der ästhetischen Schätzung, ist schon derjenige Mensch, der uns die Würde der menschlichen Bestimmung durch seinen Zustand vorstellig macht, gesetzt auch, daß wir diese Bestimmung in seiner Person nicht realisiert finden sollten. Erhaben in der moralischen Schätzung wird er nur alsdann, wenn er sich zugleich als Person jener Bestimmung gemäß verhält, wenn unsre Achtung nicht bloß seinem Vermögen, sondern dem Gebrauch dieses Vermögens gilt, wenn nicht bloß seiner Anlage sondern seinem wirklichen Betragen Würde zukommt. Es ist ganz etwas anders, ob wir bey unserm Urtheil auf das moralische Vermögen überhaupt, und auf die Möglichkeit einer absoluten Freyheit des Willens, oder ob wir auf den Gebrauch dieses Vermögens und auf die Wirklichkeit dieser absoluten Freyheit des Willens unser Augenmerk richten.

Es ist etwas ganz anders, sage ich, und diese Verschiedenheit liegt nicht nur in den beurtheilten Gegenständen, sondern sie liegt in der verschiedenen Beurtheilungsweise. Der nämliche Gegenstand kann uns in der moralischen Schätzung mißfallen, und in der ästhetischen sehr anziehend für uns seyn. Aber wenn er uns auch in beyden Instanzen der Beurtheilung Genüge leistete, so thut er diese Wirkung bey beyden auf eine ganz verschiedene Weise. Er wird dadurch, daß er ästhetisch brauchbar ist, nicht moralisch befriedigend, und dadurch, daß er moralisch befriedigt, nicht ästhetisch brauchbar.

Ich denke mir z. B. die Selbstaufopferung des Leonidas bei Thermopylä. Moralisch beurtheilt ist mir diese Handlung Darstellung des, bey allem Widerspruch der Instinkte erfüllten, Sittengesetzes; ästhetisch beurtheilt ist sie mir Darstellung des, von allem Zwang der Instinkte unabhängigen, sittlichen Vermögens. Meinen moralischen Sinn (die Vernunft) b e f r i e d i g t diese Handlung, meinen ästhetischen Sinn (die Einbildungskraft) e n t z ü c k t sie.

Von dieser Verschiedenheit meiner Empfindungen bey dem nämlichen Gegenstande gebe ich mir folgenden Grund an.

Wie sich unser Wesen in zwey Principien oder Naturen theilt, so theilen sich, diesen gemäß, auch unsre Gefühle in zweyerley ganz verschiedene Geschlechter. Als Vernunftwesen empfinden wir Beyfall oder Mißbilligung; als Sinnenwesen empfinden wir Lust oder Unlust. Beyde Gefühle, des Beyfalls und der Lust, gründen sich auf eine Befriedigung: jenes auf Befriedigung eines A n s p r u c h s : denn die Vernunft f o d e r t bloß, aber bedarf nicht; dieses auf Befriedigung eines A n l i e g e n s : denn der Sinn b e d a r f bloß, und kann nicht fodern. Beyde, die Foderungen der Vernunft und die Bedürfnisse des Sinnes, verhalten sich zu einander wie Nothwendigkeit zu Nothdurft, sie sind also beyde unter dem Begriff von Necessität enthalten; bloß mit dem Unterschied, daß die Necessität der Vernunft ohne Bedingung, die Necessität der Sinne bloß unter Bedingungen statt hat. Bey beyden aber ist die Befriedigung zufällig. Alles Gefühl, der Lust sowohl als des Beyfalls, gründet sich also zuletzt auf Uebereinstimmung des Zufälligen mit dem Nothwendigen. Ist das Nothwendige ein Imperativ, so wird Beyfall, ist es eine Nothdurft, so wird Lust die Empfindung seyn; beyde in desto stärkerem Grade, je zufälliger die Befriedigung ist.

Nun liegt bey aller moralischen Beurtheilung eine Foderung der Vernunft zum Grunde, daß moralisch gehandelt werde, und es ist eine unbedingte Necessität vorhanden, daß wir wollen, was recht ist. Weil aber der Wille frey ist, so ist es (physisch) zufällig, ob wir es wirklich thun. Thun wir es nun wirklich, so erhält diese Uebereinstimmung des Zufalls im Gebrauche der Freyheit mit dem Imperativ der Vernunft Billigung oder Beyfall, und zwar in desto höherem Grade, als der Widerstreit der Neigungen diesen Gebrauch der Freyheit zufälliger und zweifelhafter machte.

Bey der ästhetischen Schätzung hingegen wird der Gegenstand auf das Bedürfniß der Einbildungskraft bezogen, welche nicht gebieten, bloß verlangen kann, daß das Zufällige mit ihrem Interesse übereinstimmen möge. Das Interesse der Einbildungskraft aber ist: sich frey von Gesetzen im Spiele zu erhalten. Diesem Hange zur Ungebundenheit ist die sittliche Verbindlichkeit des Willens, durch welche ihm sein Objekt auf das strengste bestimmt wird, nichts weniger als günstig; und da die sittliche Verbindlichkeit des Willens der Gegenstand des moralischen Urtheils ist, so sieht man leicht, daß bey dieser Art zu urtheilen die Einbildungskraft ihre Rechnung nicht finden könne. Aber eine sittliche Verbindlichkeit des Willens läßt sich nur unter Voraussetzung einer absoluten Independenz desselben vom Zwang der Naturtriebe denken; die Möglichkeit des Sittlichen postuliert also Freyheit, und stimmt folglich mit dem Interesse der Phantasie hierinn auf das vollkommenste zusammen. Weil aber die Phantasie durch ihr Bedürfniß nicht so vorschreiben kann, wie die Vernunft durch ihren Imperativ dem Willen der Individuen vorschreibt, so ist das Vermögen der Freyheit, auf die Phantasie bezogen, etwas zufälliges, und muß daher, als Uebereinstimmung des Zufalls mit dem (bedingungsweise) Nothwendigen Lust erwecken. Beurtheilen wir also jene That des Leonidas moralisch, so betrachten wir sie aus einem Gesichtspunkt, wo uns weniger ihre Zufälligkeit als ihre Nothwendigkeit in die Augen fällt. Beurtheilen wir sie hingegen ästhetisch, so betrachten wir sie aus einem Standpunkt, wo sich uns weniger ihre Nothwendigkeit als ihre Zufälligkeit darstellt. Es ist Pflicht für jeden Willen, so zu handeln, sobald er ein freyer Wille ist; daß es aber überhaupt eine Freyheit des Willens gibt, welche es möglich macht, so zu handeln, dieß ist eine Gunst der Natur in Rücksicht auf dasjenige Vermögen, welchem Freyheit Bedürfniß ist. Beurtheilt also der moralische Sinn – die Vernunft – eine tugendhafte Handlung, so ist Billigung das höchste, was erfolgen kann; weil die Vernunft nie mehr und selten nur soviel finden kann, als sie fodert. Beurtheilt hingegen der ästhetische Sinn, die Einbildungskraft, die nämliche Handlung, so erfolgt eine positive Lust, weil die Einbildungskraft niemals Einstimmigkeit mit ihrem Bedürfnisse fodern kann, und sich also von der wirklichen Befriedigung desselben, als von einem glücklichen Zufall, überrascht finden muß. Daß Leonidas die heldenmüthige Entschließung wirklich faßte, billigen wir; daß er sie fassen konnte, darüber frohlocken wir, und sind entzückt.

Der Unterschied zwischen beyden Arten der Beurtheilung fällt noch deutlicher in die Augen, wenn man eine Handlung zum Grunde legt, über welche das moralische und das ästhetische Urtheil verschieden ausfallen. Man nehme die Selbstverbrennung des Peregrinus Protheus zu Olympia. Moralisch beurtheilt kann ich dieser Handlung nicht Beyfall geben, insofern ich unreine Triebfedern dabey wirksam finde, um derentwillen die Pflicht der Selbsterhaltung hintan gesetzt wird. Aesthetisch beurtheilt gefällt mir aber diese Handlung, und zwar deßwegen gefällt sie mir, weil sie von einem Vermögen des Willens zeugt, selbst dem mächtigsten aller Instinkte, dem Triebe der Selbsterhaltung zu widerstehen. Ob es eine rein moralische Gesinnung oder ob es bloß eine mächtigere sinnliche Reizung war, was den Selbsterhaltungstrieb bey dem Schwärmer Peregrin unterdrückte, darauf achte ich bey der ästhetischen Schätzung nicht, wo ich das Individuum verlasse, von dem Verhältniß seines Willens zu dem Willensgesetz abstrahire, und mir den menschlichen Willen überhaupt, als Vermögen der Gattung, im Verhältniß zu der ganzen Naturgewalt denke. Bey der moralischen Schätzung, hat man gesehen, wurde die Selbsterhaltung als eine Pflicht vorgestellt, daher beleidigte ihre Verletzung; bey der ästhetischen Schätzung hingegen wurde sie als ein Interesse angesehen, daher gefiel ihre Hintansetzung. Bey der letztern Art des Beurtheilens wird also die Operation gerade umgekehrt, die wir bey der erstern verrichten. Dort stellen wir das sinnlich beschränkte Individuum und den pathologisch-afficierbaren Willen dem absoluten Willensgesetz und der unendlichen Geisterpflicht, hier hingegen stellen wir das absolute Willens vermögen und die unendliche Geister gewalt dem Zwange der Natur und den Schranken der Sinnlichkeit gegenüber. Daher läßt uns das ästhetische Urtheil frey, und erhebt und begeistert uns, weil wir uns schon durch die bloße Vermögen, absolut zu wollen, schon durch die bloße Anlage zur Moralität, gegen die Sinnlichkeit in augenscheinlichem Vortheil befinden, weil schon durch die bloße Möglichkeit, uns vom Zwange der Natur loszusagen, unserm Freiheitsbedürfniß geschmeichelt wird. Daher beschränkt uns das moralische Urtheil, und demüthigt uns, weil wir uns bey jedem besondern Willensakt gegen das absolute Willensgesetz mehr oder weniger im Nachtheil befinden, und durch die Einschränkung des Willens auf eine einzige Bestimmungsweise, welche die Pflicht schlechterdings fodert, dem Freyheitstriebe der Phantasie widersprochen wird. Dort schwingen wir uns von dem Wirklichen zu dem Möglichen, und von dem Individuum zur Gattung empor; hier hingegen steigen wir vom Möglichen zum Wirklichen herunter, und schließen die Gattung in die Schranken des Individuums ein; kein Wunder also, wenn wir uns bey ästhetischen Urtheilen erweitert, bey moralischen hingegen eingeengt und gebunden fühlen*.

---

* Diese Auflösung, erinnre ich beyläufig, erklärt uns auch die Verschiedenheit des ästhetischen Eindrucks, den die Kantische Vorstellung der Pflicht auf

Aus diesem allen ergiebt sich denn, daß die moralische und die ästhetische Beurtheilung, weit entfernt einander zu unterstützen, einander vielmehr im Wege stehen, weil sie dem Gemüth zwey ganz entgegengesetzte Richtungen geben; denn die Gesetzmäßigkeit, welche die Vernunft als moralische Richterinn fodert, besteht nicht mit der Ungebundenheit, welche die Einbildungskraft, als ästhetische Richterinn verlangt. Daher wird ein Objekt zu einem ästhetischen Gebrauch gerade um soviel weniger taugen, als es sich zu einem moralischen qualifizirt; und wenn der Dichter es dennoch erwählen müßte, so wird er wohl thun, es so zu behandeln, daß nicht sowohl unsre Vernunft auf die Regel des Willens, als vielmehr unsre Phantasie auf das Vermögen des Willens hingewiesen werde. Um seiner selbst willen muß der Dichter diesen Weg einschlagen, denn mit unserer Freyheit ist sein Reich zu Ende. Nur solange wir außer uns anschauen, sind wir sein; er hat uns

seine verschiedenen Beurtheiler zu machen pflegt. Ein nicht zu verachtender Theil des Publikums findet diese Vorstellung der Pflicht sehr demüthigend; ein andrer findet sie unendlich erhebend für das Herz. Beyde haben Recht, und der Grund dieses Widerspruchs liegt bloß in der Verschiedenheit des Standpunkts, aus welchem beyde diesen Gegenstand betrachten. Seine bloße Schuldigkeit thun, hat allerdings nichts großes, und insofern das leiste, was wir zu leisten vermögen, nichts als Erfüllung, und noch mangelhafte Erfüllung, unserer Pflicht ist, liegt in der höchsten Tugend nichts begeisterndes. Aber bey allen Schranken der sinnlichen Natur dennoch treu und beharrlich seine Schuldigkeit thun, und in den Fesseln der Materie dem heiligen Geistergesetz unwandelbar folgen, dieß ist allerdings erhebend und der Bewunderung werth. Gegen die Geisterwelt gehalten ist an unsrer Tugend freilich nichts verdienstliches, und wieviel wir es uns auch kosten lassen mögen, wir werden immer unnütze Knechte seyn; gegen die Sinnenwelt gehalten ist sie hingegen ein desto erhabeneres Objekt. Insofern wir also Handlungen moralisch beurtheilen, und sie auf das Sittengesetz beziehen, werden wir wenig Ursache haben, auf unsere Sittlichkeit stolz zu seyn; insofern wir aber auf die Möglichkeit dieser Handlungen sehen, und das Vermögen unsers Gemüths, das denselben zum Grund liegt, auf die Welt der Erscheinungen beziehen, d. h. insofern wir sie ästhetisch beurtheilen, ist uns ein gewisses Selbstgefühl erlaubt, ja es ist sogar nothwendig, weil wir ein Principium in uns aufdecken, das über alle Vergleichung groß und unendlich ist.

verloren, sobald wir in unsern eigenen Busen greifen. Dieß erfolgt aber unausbleiblich, sobald ein Gegenstand nicht mehr als Erscheinung von uns betrachtet wird, sondern als Gesetz über uns richtet.

Selbst von den Aeußerungen der erhabensten Tugend kann der Dichter nichts für seine Absichten brauchen, als was an denselben der Kraft gehört. Um die Richtung der Kraft bekümmert er sich nichts. Der Dichter, auch wenn er die vollkommensten sittlichen Muster vor unsre Augen stellt, hat keinen andern Zweck, und darf keinen andern haben, als uns durch Betrachtung derselben zu ergötzen. Nun kann uns aber nichts ergötzen. als was unser Subjekt verbessert, und nichts kann uns geistig ergötzen, als was unser geistiges Vermögen erhöht. Wie kann aber die Pflichtmäßigkeit eines Andern unser Subjekt verbessern und unsere geistige Kraft vermehren? Daß er seine Pflicht wirklich erfüllt, beruht auf einem zufälligen Gebrauche, den er von seiner Freyheit macht, und der eben darum für uns nichts beweisen kann. Es ist bloß das Vermögen zu einer ähnlichen Pflichtmäßigkeit, was wir mit ihm theilen, und indem wir in seinem Vermögen auch das unsrige wahrnehmen, fühlen wir unsere geistige Kraft erhöht. Es ist also bloß die vorgestellte Möglichkeit eines absolut freyen Wollens, wodurch die wirkliche Ausübung desselben unserm ästhetischen Sinn gefällt.

Noch mehr wird man sich davon überzeugen, wenn man nachdenkt, wie wenig die poetische Kraft des Eindrucks, den sittliche Karaktere oder Handlungen auf uns machen, von ihrer historischen Realität abhängt. Unser Wohlgefallen an idealischen Karakteren verliert nichts durch die Erinnerung, daß sie poetische Fictionen sind, denn es ist die poetische, nicht die historische Wahrheit, auf welche alle ästhetische Wirkung sich gründet. Die poetische Wahrheit besteht aber nicht darinn, daß etwas wirklich geschehen ist, sondern darinn, daß es geschehen konnte, also in der innern Möglichkeit der Sache.

Die ästhetische Kraft muß also schon in der vorgestellten Möglichkeit liegen.

Selbst an wirklichen Begebenheiten historischer Personen ist nicht die Existenz, sondern das durch die Existenz kund gewordene Vermögen das poetische. Der Umstand, daß diese Personen wirklich lebten, und daß diese Begebenheiten wirklich erfolgten, kann zwar sehr oft unser Vergnügen vermehren, aber mit einem fremdartigen Zusatz, der dem poetischen Eindruck vielmehr nachtheilig als beförderlich ist. Man hat lange geglaubt, der Dichtkunst unsers Vaterlands einen Dienst zu erweisen, wenn man den Dichtern Nationalgegenstände zur Bearbeitung empfahl. Dadurch, hieß es, wurde die griechische Poesie so bemächtigend für das Herz, weil sie einheimische Scenen mahlte, und einheimische Thaten verewigte. Es ist nicht zu läugnen, daß die Poesie der Alten, dieses Umstandes halber, Wirkungen leistete, deren die neuere Poesie sich nicht rühmen kann – aber gehörten diese Wirkungen der Kunst und dem Dichter? Wehe dem griechischen Kunstgenie, wenn es vor dem Genius der neuern nichts weiter als diesen zufälligen Vortheil voraus hätte, und wehe dem griechischen Kunstgeschmack, wenn er durch diese historischen Beziehungen in den Werken seiner Dichter erst hätte gewonnen werden müssen! Nur ein barbarischer Geschmack braucht den Stachel des Privatinteresse, um zu der Schönheit hingelockt zu werden, und nur der Stümper borgt von dem Stoffe eine Kraft, die er in die Form zu legen verzweifelt. Die Poesie soll ihren Weg nicht durch die kalte Region des Gedächtnisses nehmen, soll nie die Gelehrsamkeit zu ihrer Auslegerinn, nie den Eigennutz zu ihrem Fürsprecher machen. Sie soll das Herz treffen, weil sie aus dem Herzen floß, und nicht auf den Staatsbürger in dem Menschen, sondern auf den Menschen in dem Staatsbürger zielen.

Es ist ein Glück, daß das wahre Genie auf die Fingerzeige nicht viel achtet, die man ihm, aus besserer Meinung als

Befugniß, zu ertheilen sich sauer werden läßt; sonst würden Sulzer und seine Nachfolger der deutschen Poesie eine sehr zweydeutige Gestalt gegeben haben. Den Menschen moralisch auszubilden, und Nationalgefühle in dem Bürger zu entzünden ist zwar ein sehr ehrenvoller Auftrag für den Dichter, und die Musen wissen es am beßten, wie nahe die Künste des Erhabenen und Schönen damit zusammenhängen mögen. Aber was die Dichtkunst mittelbar ganz vortrefflich macht, würde ihr, unmittelbar, nur sehr schlecht gelingen. Die Dichtkunst führt bey dem Menschen nie ein besondres Geschäft aus, und man könnte kein ungeschickteres Werkzeug erwählen, um einen einzelnen Auftrag, ein Detail, gut besorgt zu sehen. Ihr Wirkungskreis ist das Total der menschlichen Natur, und bloß, insofern sie auf den Karakter einfließt, kann sie auf seine einzelnen Wirkungen Einfluß haben. Die Poesie kann dem Menschen werden, was dem Helden die Liebe ist. Sie kann ihm weder rathen, noch mit ihm schlagen, noch sonst eine Arbeit für ihn thun; aber zum Helden kann sie ihn erziehn, zu Thaten kann sie ihn rufen, und zu allem, was er seyn soll, ihn mit Stärke ausrüsten.

Die ästhetische Kraft, womit uns das Erhabene der Gesinnung und Handlung ergreift, beruht also keineswegs auf dem Interesse der Vernunft, daß recht gehandelt w e r d e, sondern auf dem Interesse der Einbildungskraft, daß recht Handeln m ö g l i c h s e y, d.h. daß keine Empfindung, wie mächtig sie auch sey, die Freyheit des Gemüths zu unterdrücken vermöge. Diese Möglichkeit liegt aber in jeder starken Aeusserung von Freyheit und Willenskraft, und wo nur irgend der Dichter diese antrifft, da hat er einen zweckmäßigen Gegenstand für seine Darstellung gefunden. Für s e i n Interesse ist es eins, aus welcher Klasse von Karakteren, der schlimmen oder guten, er seine Helden nehmen will, da das nämliche Maaß von Kraft, welches zum Guten nöthig ist, sehr oft zur Consequenz im Bösen erfodert werden kann. Wie viel mehr wir in ästhetischen

Urtheilen auf die Kraft als auf die Richtung der Kraft, wie viel mehr auf Freyheit als auf Gesetzmäßigkeit sehen, wird schon daraus hinlänglich offenbar, daß wir Kraft und Freyheit lieber auf Kosten der Gesetzmäßigkeit geäußert, als die Gesetzmäßigkeit auf Kosten der Kraft und Freyheit beobachtet sehen. Sobald nämlich Fälle eintreten, wo das moralische Gesetz sich mit Antrieben gattet, die den Willen durch ihre Macht fortzureißen drohen, so gewinnt der Karakter ästhetisch, wenn er diesen Antrieben widerstehen kann. Ein Lasterhafter fängt an, uns zu interessieren, sobald er Glück und Leben wagen muß, um seinen schlimmen Willen durchzusetzen; ein Tugendhafter hingegen verliert in demselben Verhältniß unsre Aufmerksamkeit, als seine Glückseligkeit selbst ihn zum Wohlverhalten nöthigt. Rache, zum Beyspiel, ist unstreitig ein unedler und selbst niedriger Affekt. Nichts desto weniger wird sie ästhetisch, sobald sie dem, der sie ausübt, ein schmerzhaftes Opfer kostet. Medea, indem sie ihre Kinder ermordet, zielt bey dieser Handlung auf Jasons Herz, aber zugleich führt sie einen schmerzhaften Stich auf ihr eigenes, und ihre Rache wird ästhetisch erhaben, sobald wir die zärtliche Mutter sehen.

Das ästhetische Urtheil enthält hierinn mehr wahres, als man gewöhnlich glaubt. Offenbar kündigen Laster, welche von Willensstärke zeugen, eine größere Anlage zur wahrhaften moralischen Freyheit an, als Tugenden, die eine Stütze von der Neigung entlehnen, weil es dem consequenten Bösewicht nur einen einzigen Sieg über sich selbst, eine einzige Umkehrung der Maximen kostet, um die ganze Consequenz und Willensfertigkeit, die er an das Böse verschwendete, dem Guten zuzuwenden. Woher sonst kann es kommen, daß wir den halbguten Karakter mit Widerwillen von uns stoßen, und dem ganz schlimmen oft mit schauernder Bewunderung folgen? Daher unstreitig, weil wir bey jenem auch die Möglichkeit des absolut freyen Wollens aufgeben, diesem hingegen es in jeder Aeußerung anmerken, daß er durch einen einzigen Willensakt sich zur ganzen Würde der Menschheit aufrichten kann.

In ästhetischen Urtheilen sind wir also nicht für die Sittlichkeit an sich selbst, sondern bloß für die Freyheit interessiert, und jene kann nur insofern unsrer Einbildungskraft gefallen, als sie die letztere sichtbar macht. Es ist daher offenbare Verwirrung der Grenzen, wenn man moralische Zweckmäßigkeit in ästhetischen Dingen fodert, und um das Reich der Vernunft zu erweitern die Einbildungskraft aus ihrem rechtmäßigen Gebiete verdrängen will. Entweder wird man sie ganz unterjochen müssen, und dann ist es um alle ästhetische Wirkung geschehen, oder sie wird mit der Vernunft ihre Herrschaft theilen, und dann wird für Moralität wohl nicht viel gewonnen seyn. Indem man zwey verschiedene Zwecke verfolgt, wird man Gefahr laufen, beyde zu verfehlen. Man wird die Freyheit der Phantasie durch moralische Gesetzmäßigkeit fesseln, und die Nothwendigkeit der Vernunft durch die Willkühr der Einbildungskraft zerstören.

Ueber das Erhabene

»Kein Mensch muß müssen« sagt der Jude Nathan zum Derwisch, und dieses Wort ist in einem weiteren Umfange wahr, als man demselben vielleicht einräumen möchte. Der Wille ist der Geschlechtscharakter des Menschen, und die Vernunft selbst ist nur die ewige Regel desselben. Vernünftig handelt die ganze Natur; sein Prärogativ ist bloß, daß er mit Bewußtseyn und Willen vernünftig handelt. Alle andere Dinge müssen; der Mensch ist das Wesen, welches will.

Eben deswegen ist des Menschen nichts so unwürdig, als Gewalt zu erleiden, denn Gewalt hebt ihn auf. Wer sie uns anthut, macht uns nichts geringeres als die Menschheit streitig; wer sie feigerweise erleidet, wirft seine Menschheit hinweg. Aber dieser Anspruch auf absolute Befreyung von allem, was Gewalt ist, scheint ein Wesen vorauszusetzen, welches Macht genug besitzt, jede andere Macht von sich abzutreiben. Findet er sich in einem Wesen, welches im Reich der Kräfte nicht den obersten Rang behauptet, so entsteht daraus ein unglücklicher Widerspruch zwischen dem Trieb und dem Vermögen.

In diesem Falle befindet sich der Mensch. Umgeben von zahllosen Kräften, die alle ihm überlegen sind, und den Meister über ihn spielen, macht er durch seine Natur Anspruch, von keiner Gewalt zu erleiden. Durch seinen Verstand zwar steigert er künstlicherweise seine natürlichen Kräfte, und bis auf einen gewissen Punkt gelingt es ihm wirklich, physisch über alles Physische Herr zu werden. Gegen alles, sagt das Sprüchwort, giebt es Mittel, nur nicht gegen den Tod. Aber diese einzige Ausnahme, wenn sie das wirklich im strengsten Sinne ist, würde den ganzen Begriff des Menschen aufheben. Nimmermehr kann er das Wesen seyn, welches will, wenn es auch nur Einen Fall giebt, wo er schlechterdings muß, was er nicht will. Dieses einzige schreckliche, was er nur muß und nicht will, wird wie ein Gespenst ihn begleiten, und ihn, wie auch wirklich bey den mehresten Menschen der Fall ist, den blinden Schrecknissen der Phantasie zur Beute überliefern; seine gerühmte Freyheit ist absolut Nichts, wenn er auch nur in einem einzigen Punkte gebunden ist. Die Kultur soll den Menschen in Freyheit setzen und ihm dazu behülflich seyn, seinen ganzen Begriff zu erfüllen. Sie soll ihn also fähig machen, seinen Willen zu behaupten, denn der Mensch ist das Wesen, welches will.

Dieß ist auf zweyerley Weise möglich. Entweder realistisch, wenn der Mensch der Gewalt Gewalt entgegensetzt, wenn er als Natur die Natur beherrscht; oder idealistisch, wenn er aus der Natur heraustritt und so, in Rücksicht auf sich, den Begriff der Gewalt vernichtet. Was ihm zu dem ersten verhilft, heißt physische Cultur. Der Mensch bildet seinen Verstand und seine sinnlichen Kräfte aus, um die Naturkräfte nach ihren eigenen Gesetzen, entweder zu Werkzeugen seines Willens zu machen, oder sich vor ihren Wirkungen, die er nicht lenken kann, in Sicherheit zu setzen. Aber die Kräfte der Natur lassen sich nur bis auf einen gewissen Punkt beherrschen oder abwehren; über diesen Punkt hinaus entziehen sie sich der Macht des Menschen und unterwerfen ihn der ihrigen.

Jetzt also wäre es um seine Freyheit gethan, wenn er keiner andern als physischen Kultur fähig wäre. Er soll aber ohne Ausnahme Mensch seyn, also in keinem Fall etwas gegen seinen Willen erleiden. Kann er also den physischen Kräften keine verhältnißmäßige physische Kraft mehr entgegen setzen, so bleibt ihm, um keine Gewalt zu erleiden, nichts anders übrig, als: ein Verhältniß, welches ihm so nachtheilig ist, ganz und gar aufzuheben, und eine Gewalt, die er der That nach erleiden muß, dem Begriff nach zu vernichten. Eine Gewalt dem Begriffe nach vernichten, heißt aber nichts anders, als sich derselben freywillig unterwerfen. Die Kultur, die ihn dazu geschickt macht, heißt die moralische.

Der moralisch gebildete Mensch, und nur dieser, ist ganz frey. Entweder er ist der Natur als Macht überlegen, oder er ist einstimmig mit derselben. Nichts was sie an ihm ausübt, ist Gewalt, denn eh es bis zu ihm kommt, ist es schon seine eigene Handlung geworden, und die dynamische Natur erreicht ihn selbst nie, weil er sich von allem, was sie erreichen kann, freythätig scheidet. Diese Sinnesart aber, welche die Moral unter dem Begriff der Resignation in die Nothwendigkeit und die Religion unter dem Begriff der Ergebung in den göttlichen Rathschluß lehrt, erfodert, wenn sie ein Werk der freyen Wahl und Ueberlegung seyn soll, schon eine größere Klarheit des Denkens und eine höhere Energie des Willens, als dem Menschen im handelnden Leben eigen zu seyn pflegt. Glücklicherweise aber ist nicht bloß in seiner rationalen Natur eine moralische Anlage, welche durch den Verstand entwickelt werden kann, sondern selbst in seiner sinnlich vernünftigen, d.h. menschlichen Natur eine aesthetische Tendenz dazu vorhanden, welche durch gewisse sinnliche Gegenstände geweckt, und durch Läuterung seiner Gefühle zu diesem idealistischen Schwung des Gemüths kultivirt werden kann. Von dieser, ihrem Begriff und Wesen nach, zwar idealistischen Anlage, die aber auch selbst der Realist in seinem Leben deutlich genug an den Tag legt, obgleich er sie in seinem System nicht zugiebt* werde ich gegenwärtig handeln.

Zwar reichen schon die entwickelten Gefühle für Schönheit dazu hin, uns bis auf einen gewissen Grad von der Natur als einer Macht unabhängig zu machen. Ein Gemüth, welches sich soweit veredelt hat, um mehr von den Formen als dem Stoff der Dinge gerührt zu werden, und ohne alle Rücksicht auf Besitz, aus der bloßen Reflexion über

---

* Wie überhaupt nichts wahrhaft idealistisch heißen kann, als was der vollkommene Realist wirklich unbewußt ausübt, und nur durch eine Inconsequenz läugnet.

die Erscheinungsweise ein freyes Wohlgefallen zu schöpfen, ein solches Gemüth trägt in sich selbst eine innre unverlierbare Fülle des Lebens, und weil es nicht nöthig hat, sich die Gegenstände zuzueignen, in denen es lebt, so ist es auch nicht in Gefahr, derselben beraubt zu werden. Aber endlich will doch auch der Schein einen Körper haben, an welchem er sich zeigt, und solange also ein Bedürfniß auch nur nach schönem Schein vorhanden ist, bleibt ein Bedürfniß nach dem Daseyn von Gegenständen übrig, und unsre Zufriedenheit ist folglich noch von der Natur als Macht abhängig, welche über alles Daseyn gebietet. Es ist nehmlich etwas ganz anders, ob wir ein Verlangen nach schönen und guten Gegenständen fühlen oder ob wir bloß verlangen, daß die vorhandenen Gegenstände schön und gut seyen. Das letzte kann mit der höchsten Freyheit des Gemüths bestehen, aber das erste nicht; daß das vorhandene schön und gut sey, können wir fodern; daß das Schöne und Gute vorhanden sey, bloß wünschen. Diejenige Stimmung des Gemüths, welche gleichgültig ist, ob das Schöne und Gute und Vollkommene existire, aber mit rigoristischer Strenge verlangt, daß das Existirende gut und schön und vollkommen sey, heißt vorzugsweise groß und erhaben, weil sie alle Realitäten des schönen Charakters enthält, ohne seine Schranken zu theilen.

Es ist ein Kennzeichen guter und schöner aber jederzeit schwacher Seelen, immer ungeduldig auf Existenz ihrer moralischen Ideale zu dringen, und von den Hindernissen derselben schmerzlich gerührt zu werden. Solche Menschen setzen sich in eine traurige Abhängigkeit von dem Zufall, und es ist immer mit Sicherheit vorher zu sagen, daß sie der Materie in moralischen und aesthetischen Dingen zuviel einräumen und die höchste Charakter- und Geschmacks-Probe nicht bestehen werden. Das moralisch Fehlerhafte soll uns nicht Leiden und Schmerz einflößen, welches immer mehr von einem unbefriedigten Bedürfniß als von einer unerfüllten Foderung zeugt. Diese muß einen rüstigern Affekt zum Begleiter haben, und das Gemüth eher stärken und in seiner Kraft bevestigen, als kleinmüthig und unglücklich machen.

Zwey Genien sind es, die uns die Natur zu Begleitern durchs Leben gab. Der Eine, gesellig und hold, verkürzt uns durch sein munteres Spiel die mühvolle Reise, macht uns die Fesseln der Nothwendigkeit leicht, und führt uns unter Freude und Scherz bis an die gefährlichen Stellen, wo wir als reine Geister handeln und alles körperliche ablegen müssen, bis zur Erkenntniß der Wahrheit und zur Ausübung der Pflicht. Hier verläßt er uns, denn nur die Sinnenwelt ist sein Gebieth, über diese hinaus kann ihn sein irrdischer Flügel nicht tragen. Aber jetzt tritt der andere hinzu, ernst und schweigend, und mit starkem Arm trägt er uns über die schwindlichte Tiefe.

In dem ersten dieser Genien erkennet man das Gefühl des Schönen, in dem zweyten das Gefühl des Erhabenen. Zwar ist schon das Schöne ein Ausdruck der Freyheit; aber nicht derjenigen, welche uns über die Macht der Natur erhebt und von allem körperlichen Einfluß entbindet, sondern derjenigen, welche wir innerhalb der Natur als Menschen genießen. Wir fühlen uns frey bey der Schönheit, weil die sinnlichen Triebe mit dem Gesetz der Vernunft harmonieren; wir fühlen uns frey beym Erhabenen, weil die sinnlichen Triebe auf die Gesetzgebung der Vernunft keinen Einfluß haben, weil der Geist hier handelt, als ob er unter keinen andern als seinen eigenen Gesetzen stünde.

Das Gefühl des Erhabenen ist ein gemischtes Gefühl. Es ist eine Zusammensetzung von Wehseyn, das sich in seinem höchsten Grad als ein Schauer äußert, und von Frohseyn, das bis zum Entzücken steigen kann und ob es gleich nicht eigentlich Lust ist, von feinen Seelen aller Lust doch weit vorgezogen wird. Diese Verbindung zweyer widersprechender Empfindungen in einem einzigen Gefühl beweist unsere moralische Selbstständigkeit auf eine unwiderlegliche Weise. Denn da es absolut unmöglich ist, daß der nehmliche Gegenstand in zwey entgegengesetzten Verhältnissen zu uns stehe, so folgt daraus, daß **wir selbst** in zwey verschiedenen Verhältnissen zu dem Gegenstand stehen, daß folglich zwey entgegengesetzte Naturen in uns vereiniget seyn müssen, welche bey Vorstellung desselben, auf ganz entgegengesetzte Art interessiret sind. Wir erfahren also durch das Gefühl des Erhabenen, daß sich der Zustand unsers Geistes nicht nothwendig nach dem Zustand des Sinnes richtet, daß die Gesetze der Natur nicht nothwendig auch die unsrigen sind, und daß wir ein selbstständiges Prinzipium in uns haben, welches von allen sinnlichen Rührungen unabhängig ist.

Der erhabene Gegenstand ist von doppelter Art. Wir beziehen ihn entweder auf unsere **Fassungskraft** und erliegen bey dem Versuch, uns ein Bild oder einen Begriff von ihm zu bilden: oder wir beziehen ihn auf unsere **Lebenskraft**, und betrachten ihn als eine Macht, gegen welche die unsrige in Nichts verschwindet. Aber ob wir gleich in dem einen, wie in dem andern Fall durch seine Veranlassung das peinliche Gefühl unserer Grenzen erhalten, so fliehen wir ihn doch nicht, sondern werden vielmehr mit unwiderstehlicher Gewalt von ihm angezogen. Würde dieses wohl möglich seyn, wenn die Grenzen unsrer Phantasie zugleich die Grenzen unsrer Fassungskraft wären? Würden wir wohl an die Allgewalt der Naturkräfte gern erinnert seyn wollen, wenn wir nicht noch etwas anders im Rückhalt hätten, als was ihnen zum Raube werden kann? Wir ergötzen uns an dem Sinnlichunendlichen, weil wir denken können, was die Sinne nicht mehr fassen, und der Verstand nicht mehr begreift. Wir werden begeistert von dem Furchtbaren, weil wir wollen können, was die Triebe verabscheuen, und verwerfen, was sie begehren. Gern lassen wir die Imagination im Reich der Erscheinungen ihren Meister finden, denn endlich ist es doch nur eine sinnliche Kraft, die über eine andere sinnliche triumphirt, aber an das absolut Große in uns selbst kann die Natur in ihrer ganzen Grenzenlosigkeit nicht reichen. Gern unterwerfen wir der physischen Nothwendigkeit unser Wohlseyn und unser Daseyn, denn das erinnert uns eben, daß sie über unsre Grundsätze nicht zu gebieten hat. Der Mensch ist in ihrer Hand, aber des Menschen Willen ist in der seinigen.

Und so hat die Natur sogar ein sinnliches Mittel angewendet, uns zu lehren, daß wir mehr als bloß sinnlich sind; so wußte sie selbst Empfindungen dazu zu benutzen, uns der Entdeckung auf die Spur zu führen, daß wir der Gewalt der Empfindungen nichts weniger als sklavisch unterworfen sind. Und dieß ist eine ganz andere Wirkung, als durch das Schöne geleistet werden kann; durch das Schöne der Wirklichkeit nehmlich, denn im Idealschönen muß sich auch das Erhabene verlieren. Bey dem Schönen stimmen Vernunft und Sinnlichkeit zusammen, und nur um dieser Zusammenstimmung willen hat es Reiz für uns. Durch die Schönheit allein würden wir also ewig nie erfahren, daß wir bestimmt und fähig sind, uns als reine Intelligenzen zu beweisen. Beim Erhabenen hingegen stimmen Vernunft und Sinnlichkeit nicht zusammen, und eben in diesem Widerspruch zwischen beiden liegt der Zauber, womit es unser Gemüth ergreift. Der physische und der moralische Mensch werden hier aufs schärfste von einander geschieden, denn gerade bey solchen Gegenständen, wo der erste nur seine Schranken empfindet, macht der andere die Erfahrung seiner Kraft und wird durch eben das unendlich erhoben, was den andern zu Boden drückt.

Ein Mensch, will ich annehmen, soll alle die Tugenden besitzen, deren Vereinigung den schönen Karakter ausmacht. Er soll in der Ausübung der Gerechtigkeit, Wohlthätigkeit, Mäßigkeit, Standhaftigkeit und Treue seine Wollust finden, alle Pflichten, deren Befolgung ihm die Umstände nahe legen, sollen ihm zum leichten Spiele werden, und das Glück soll ihm keine Handlung schwer machen, wozu nur immer sein menschenfreundliches Herz ihn auffodern mag. Wem wird dieser schöne Einklang der natürlichen Triebe mit den Vorschriften der Vernunft nicht entzückend seyn, und wer sich enthalten können, einen solchen Menschen zu lieben? Aber können wir uns wohl, bey aller Zuneigung zu demselben versichert halten, daß er wirklich ein Tugendhafter ist, und daß es überhaupt eine Tugend giebt? Wenn es dieser Mensch auch bloß auf angenehme Empfindungen angelegt hätte, so könnte er, ohne ein Thor zu seyn, schlechterdings nicht anders handeln, und er müßte seinen eignen Vortheil hassen, wenn er lasterhaft seyn wollte. Es kann seyn, daß die Quelle seiner Handlungen rein ist, aber das muß er mit seinem eignen Herzen ausmachen, wir sehen nichts davon. Wir sehen ihn nicht mehr thun als auch der bloß kluge Mann thun müßte, der das Vergnügen zu seinem Gott macht. Die Sinnenwelt also erklärt das ganze Phänomen seiner Tugend, und wir haben gar nicht nöthig, uns jenseits derselben nach einem Grund davon umzusehen.

Dieser nehmliche Mensch soll aber plötzlich in ein großes Unglück gerathen. Man soll ihn seiner Güter berauben, man soll seinen guten Nahmen zu Grund richten. Krankheiten sollen ihn auf ein schmerzhaftes Lager werfen, alle, die er liebt, soll der Tod ihm entreißen, alle, denen er vertraut, ihn in der Noth verlassen. In diesem Zustande suche man ihn wieder auf, und fodre von dem Unglücklichen die Ausübung der nehmlichen Tugenden, zu denen der Glückliche einst so bereit gewesen war. Findet man ihn in diesem Stück noch ganz als den nehmlichen, hat die Armuth seine Wohlthätigkeit, der Undank seine Dienstfertigkeit, der Schmerz seine Gleichmüthigkeit, eignes Unglück seine Theilnehmung an fremdem Glücke nicht vermindert, bemerkt man die Verwandlung seiner Umstände in seiner Gestalt, aber nicht in seinem Betragen, in der Materie, aber nicht in der Form seines Handelns – dann freylich reicht man mit keiner Erklärung aus dem Naturbegriff mehr aus, (nach welchem es schlechterdings nothwendig ist, daß das Gegenwärtige als Wirkung sich auf etwas Vergangenes als seine Ursache gründet), weil nichts widersprechender seyn kann, als daß die Wirkung dieselbe bleibe, wenn die Ursache sich in ihr Gegentheil verwandelt hat. Man muß also jeder natürlichen Erklärung entsagen, muß es ganz und gar aufgeben, das Betragen aus dem Zustande abzuleiten, und den Grund des erstern aus der physischen Weltordnung heraus in eine ganz andere verlegen, welche die Vernunft zwar mit ihren Ideen erfliegen, der Verstand aber mit seinen Begriffen nicht erfassen kann. Diese Entdeckung des absoluten moralischen Vermögens, welches an keine Natur-Bedingung gebunden ist, gibt dem wehmüthigen Gefühl, wovon wir beym Anblick eines solchen Menschen ergriffen werden, den ganz eignen unaussprechlichen Reiz, den keine Lust der Sinne, so veredelt sie auch seyen, dem Erhabenen streitig machen kann.

Das Erhabene verschafft uns also einen Ausgang aus der sinnlichen Welt, worinn uns das Schöne gern immer gefangen halten möchte. Nicht allmählig (denn es gibt von der Abhängigkeit keinen Uebergang zur Freyheit), sondern plötzlich und durch eine Erschütterung, reißt es den selbstständigen Geist aus dem Netze los, womit die verfeinerte Sinnlichkeit ihn umstrickte, und das um so fester bindet, je durchsichtiger es gesponnen ist. Wenn sie durch den unmerklichen Einfluß eines weichlichen Geschmacks auch noch so viel über die Menschen gewonnen hat – wenn es ihr gelungen ist, sich in der verführerischen Hülle des geistigen Schönen in den innersten Sitz der moralischen Gesetzgebung einzudrängen, und dort die Heiligkeit der Maximen an ihrer Quelle zu vergiften, so ist oft eine einzige erhabene Rührung genug, dieses Gewebe des Betrugs zu zerreissen, dem gefesselten Geist seine ganze Schnellkraft auf einmal zurückzugeben, ihm eine Revelation über seine wahre Bestimmung zu ertheilen, und ein Gefühl seiner Würde, wenigstens für den Moment aufzunöthigen. Die Schönheit unter der Gestalt der Göttinn Calypso hat den tapfern Sohn des Ulysses bezaubert, und durch die Macht ihrer Reizungen hält sie ihn lange Zeit auf ihrer Insel gefangen. Lange glaubt er einer unsterblichen Gottheit zu huldigen, da er doch nur in den Armen der Wollust liegt, – aber ein erhabener Eindruck ergreift ihn plötzlich unter Mentors Gestalt, er erinnert sich seiner bessern Bestimmung, wirft sich in die Wellen und ist frey.

Das Erhabene, wie das Schöne, ist durch die ganze Natur verschwenderisch ausgegossen, und die Empfindungsfähigkeit für beides in alle Menschen gelegt; aber der Keim dazu entwickelt sich ungleich, und durch die Kunst muß ihm nachgeholfen werden. Schon der Zweck der Natur bringt es mit sich, daß wir der Schönheit zuerst entgegeneilen, wenn wir noch vor dem Erhabenen fliehn; denn die Schönheit ist unsre Wärterinn im kindischen Alter, und soll uns ja aus dem rohen Naturstand zur Verfeinerung führen. Aber ob sie gleich unsre erste Liebe ist, und unsre Empfindungsfähigkeit für dieselbe zuerst sich entfaltet, so hat die Natur doch dafür gesorgt, daß sie langsamer reif wird, und zu ihrer völligen Entwicklung erst die Ausbildung des Verstandes und Herzens abwartet. Erreichte der Geschmack seine völlige Reife, ehe Wahrheit und Sittlichkeit auf einen bessern Weg, als durch ihn geschehen kann, in unser Herz gepflanzt wären, so würde die Sinnenwelt ewig die Grenze unsrer Bestrebungen bleiben. Wir würden weder in unsern Begriffen, noch in unsern Gesinnungen über sie hinaus gehn, und was die Einbildungskraft nicht darstellen kann, würde auch keine Realität für uns haben. Aber glücklicherweise liegt es schon in der Einrichtung der Natur, daß der Geschmack, obgleich er zuerst blüht, doch zuletzt unter allen Fähigkeiten des Gemüths seine Zeitigung erhält. In dieser Zwischenzeit wird Frist genug gewonnen, einen Reichthum von Begriffen in dem Kopf und einen Schatz von Grundsätzen in der Brust anzupflanzen, und dann besonders auch die Empfindungsfähigkeit für das Große und Erhabene aus der Vernunft zu entwickeln.

So lange der Mensch bloß Sklave der physischen Nothwendigkeit war, aus dem engen Kreis der Bedürfnisse noch keinen Ausgang gefunden hatte, und die hohe dämonische Freyheit in seiner Brust noch nicht ahndete, so konnte ihn die unfaßbare Natur nur an die Schranken seiner Vorstellungskraft und die verderbende Natur nur an seine physische Ohnmacht erinnern. Er mußte also die erste mit Kleinmuth vorübergehen, und sich von der andern mit Entsetzen abwenden. Kaum aber macht ihm die freie Betrachtung gegen den blinden Andrang der Naturkräfte Raum, und kaum entdeckt er in dieser Fluth von Erscheinungen etwas Bleibendes in seinem eigenen Wesen, so fangen die wilden Naturmassen um ihn herum an, eine ganz andere Sprache zu seinem Herzen zu reden: und das relativ Große ausser ihm ist der Spiegel, worinn er das absolut Große in ihm selbst erblickt. Furchtlos und mit schauerlicher Lust nähert er sich jetzt diesen Schreckbildern seiner Einbildungskraft, und bietet absichtlich die ganze Kraft dieses Vermögens auf, das Sinnlichunendliche darzustellen, um, wenn es bey diesem Versuche dennoch erliegt, die Ueberlegenheit seiner Ideen über das Höchste, was die Sinnlichkeit leisten kann, desto lebhafter zu empfinden. Der Anblick unbegrenzter Fernen und unabsehbarer Höhen, der weite Ocean zu seinen Füßen, und der größere Ocean über ihm, entreissen seinen Geist der engen Sphäre des Wirklichen und der drückenden Gefangenschaft des physischen Lebens. Ein größerer Maßstab der Schätzung wird ihm von der simpeln Majestät der Natur vorgehalten, und, von ihren großen Gestalten umgeben, erträgt er das Kleine in seiner Denkart nicht mehr. Wer weiß, wie manchen Lichtgedanken oder Heldenentschluß, den kein Studierkerker, und kein Gesellschaftsaal zur Welt gebracht haben möchte, nicht schon dieser muthige Streit des Gemüths mit dem großen Naturgeist auf einem Spatziergang gebahr – wer weiß, ob es nicht dem seltenern Verkehr mit diesem großen Genius zum Theil zuzuschreiben ist, daß der Karakter der Städter sich so gerne zum Kleinlichen wendet, verkrüppelt und welkt, wenn der Sinn des Nomaden offen und frey bleibt, wie das Firmament, unter dem er sich lagert.

Aber nicht bloß das Unerreichbare für die Einbildungskraft, das Erhabene der Quantität, auch das Unfaßbare für den Verstand, die Verwirrung, kann, sobald sie ins Große geht, und sich als Werk der Natur ankündigt (denn sonst ist sie verächtlich), zu einer Darstellung des Uebersinnlichen dienen, und dem Gemüth einen Schwung geben. Wer verweilet nicht lieber bey der geistreichen Unordnung einer natürlichen Landschaft als bey der geistlosen Regelmäßigkeit eines französischen Gartens? Wer bestaunt nicht lieber den wunderbaren Kampf zwischen Fruchtbarkeit und Zerstörung in Siciliens Fluren, weidet sein Auge nicht lieber an Schottlands wilden Katarakten und Nebelgebirgen, Ossians großer Natur, als daß er in dem schnurgerechten Holland den sauren Sieg der Geduld über das trotzigste der Elemente bewundert? Niemand wird läugnen, daß in Bataviens Triften für den physischen Menschen besser gesorgt ist, als unter dem tückischen Krater des Vesuv, und daß der Verstand, der begreifen und ordnen will, bey einem regulairen Wirthschaftsgarten weit mehr als bey einer wilden Naturlandschaft seine Rechnung findet. Aber der Mensch hat noch ein Bedürfniß mehr, als zu leben und sich wohl seyn zu lassen und auch noch eine andere Bestimmung, als die Erscheinungen um ihn herum zu begreifen.

Was dem Reisenden von Empfindung die wilde Bizarrerie in der physischen Schöpfung so anziehend macht, eben das eröffnet einem begeisterungsfähigen Gemüth, selbst in der bedenklichen Anarchie der moralischen Welt, die Quelle eines ganz eignen Vergnügens. Wer freylich die große Haushaltung der Natur mit der dürftigen Fackel des Verstandes beleuchtet, und immer nur darauf ausgeht, ihre kühne Unordnung in Harmonie aufzulösen, der kann sich in einer Welt nicht gefallen, wo mehr der tolle Zufall als ein weiser Plan zu regieren scheint, und bey weitem in den mehresten Fällen Verdienst und Glück mit einander im Widerspruche stehn. Er will haben, daß in dem großen Weltlaufe alles wie in einer guten Wirthschaft geordnet sey, und vermißt er, wie es nicht wohl anders seyn kann, diese Gesetzmäßigkeit, so bleibt ihm nichts anders übrig, als von einer künftigen Existenz und von einer andern Natur die Befriedigung zu erwarten, die ihm die gegenwärtige und vergangene schuldig bleibt. Wenn er es hingegen gutwillig aufgibt, dieses gesetzlose Chaos von Erscheinungen unter eine Einheit der Erkenntniß bringen zu wollen, so gewinnt er von einer andern Seite reichlich, was er von dieser verloren gibt. Gerade dieser gänzliche Mangel einer Zweckverbindung unter diesem Gedränge von Erscheinungen, wodurch sie für den Verstand, der sich an diese Verbindungsform halten muß, übersteigend und unbrauchbar werden, macht sie zu einem desto treffendern Sinnbild für die reine Vernunft, die in eben dieser wilden Ungebundenheit der Natur ihre eigne Unabhängigkeit von Naturbedingungen dargestellt findet. Denn wenn man einer Reihe von Dingen alle Verbindung unter sich nimmt, so hat man den Begriff der Independenz, der mit dem reinen Vernunftbegriff der Freyheit überraschend zusammenstimmt. Unter dieser Idee der Freyheit, welche sie aus ihrem eigenen Mittel nimmt, faßt also die Vernunft in eine Einheit des Gedankens zusammen, was der Verstand in keine Einheit der Erkenntniß verbinden kann, unterwirft sich durch diese Idee das unendliche Spiel der Erscheinungen, und behauptet also ihre Macht zugleich über den Verstand als sinnlich bedingtes Vermögen. Erinnert man sich nun, welchen Werth es für ein Vernunftwesen haben muß, sich seiner Independenz von Naturgesetzen bewußt zu werden, so begreift man, wie es zugeht, daß Menschen von erhabener Gemüthsstimmung durch diese ihnen dargebotene Idee der Freyheit sich für allen Fehlschlag der Erkenntniß für entschädigt halten können. Die Freyheit in allen ihren moralischen Widersprüchen und physischen Uebeln ist für edle Gemüther ein unendlich interessanteres Schauspiel als Wohlstand und Ordnung ohne Freyheit, wo die Schaafe geduldig dem Hirten folgen, und der selbstherrschende Wille sich zum dienstbaren Glied eines Uhrwerks herabsetzt. Das letzte macht den Menschen bloß zu einem geistreichen Produkt und glücklichern Bürger der Natur, die Freyheit macht ihn zum Bürger und Mitherrscher eines höhern Systems, wo es unendlich ehrenvoller ist, den untersten Platz einzunehmen, als in der physischen Ordnung den Reihen anzuführen.

Aus diesem Gesichtspunct betrachtet, und nur aus diesem, ist mir die Weltgeschichte ein erhabenes Object. Die Welt, als historischer Gegenstand, ist im Grunde nichts anders als der Konflikt der Naturkräfte unter einander selbst und mit der Freyheit des Menschen und den Erfolg dieses Kampfs berichtet uns die Geschichte. So weit die Geschichte bis jetzt gekommen ist, hat sie von der Natur (zu der alle Affekte im Menschen gezählt werden müssen) weit größere Thaten zu erzählen, als von der selbstständigen Vernunft, und diese hat bloß durch einzelne Ausnahmen vom Naturgesetz in einem Kato, Aristides, Phocion und ähnlichen Männern ihre Macht behaupten können. Nähert man sich nur der Geschichte mit großen Erwartungen von Licht und Erkenntniß – wie sehr findet man sich da getäuscht! Alle wohlgemeynte Versuche der Philosophie, das, was die moralische Welt fodert, mit dem, was die wirkliche leistet, in Uebereinstimmung zu bringen, werden durch die Aussagen der Erfahrungen widerlegt, und so gefällig die Natur in ihrem Organischen Reich sich nach den regulativen Grundsätzen der Beurtheilung richtet oder zu richten scheint, so unbändig reißt sie im Reich der Freyheit den Zügel ab, woran der Spekulations-Geist sie gern gefangen führen möchte.

Wie ganz anders, wenn man darauf resignirt, sie zu erklären, und diese ihre Unbegreiflichkeit selbst zum Standpunct der Beurtheilung macht. Eben der Umstand, daß die Natur im Großen angesehen, aller Regeln, die wir durch unsern Verstand ihr vorschreiben, spottet, daß sie auf ihrem eigenwilligen freyen Gang die Schöpfungen der Weisheit und des Zufalls mit gleicher Achtlosigkeit in den Staub tritt, daß sie das Wichtige wie das Geringe, das Edle wie das Gemeine in Einem Untergang mit sich fortreißt, daß sie hier eine Ameisenwelt erhält, dort ihr herrlichstes Geschöpf den Menschen in ihre Riesenarme faßt und zerschmettert, daß sie ihre mühsamsten Erwerbungen oft in einer leichtsinnigen Stunde verschwendet, und an einem Werk der Thorheit oft Jahrhunderte lang baut – mit einem Wort – dieser Abfall der Natur im Großen von den Erkenntnißregeln, denen sie in ihren einzelnen Erscheinungen sich unterwirft, macht die absolute Unmöglichkeit sichtbar, durch Naturgesetze die Natur selbst zu erklären, und von ihrem Reiche gelten zu lassen, was in ihrem Reiche gilt, und das Gemüth wird also unwiderstehlich aus der Welt der Erscheinungen heraus in die Ideenwelt, aus dem Bedingten ins Unbedingte getrieben.

Noch viel weiter als die sinnlich unendliche führt uns die furchtbare und zerstörende Natur, so lange wir nehmlich bloß freye Betrachter derselben bleiben. Der sinnliche Mensch freylich, und die Sinnlichkeit in dem vernünftigen fürchten nichts so sehr als mit dieser Macht zu zerfallen, die über Wohlseyn und Existenz zu gebieten hat.

Das höchste Ideal, wornach wir ringen, ist, mit der physischen Welt, als der Bewahrerinn unserer Glückseligkeit, in gutem Vernehmen zu bleiben, ohne darum genöthigt zu seyn, mit der moralischen zu brechen, die unsre Würde bestimmt. Nun geht es aber bekanntermaßen nicht immer an, beyden Herren zu dienen, und wenn auch (ein fast unmöglicher Fall) die Pflicht mit dem Bedürfnisse nie in Streit gerathen sollte; so geht doch die Naturnothwendigkeit keinen Vertrag mit dem Menschen ein, und weder seine Kraft noch seine Geschicklichkeit kann ihn gegen die Tücke der Verhängnisse sicher stellen. Wohl ihm also, wenn er gelernt hat zu ertragen, was er nicht ändern kann und Preiß zu geben mit Würde, was er nicht retten kann! Fälle können eintreten, wo das Schicksal alle Aussenwerke ersteigt, auf die er seine Sicherheit gründete, und ihm nichts weiter übrig bleibt, als sich in die heilige Freyheit der Geister zu flüchten – wo es kein andres Mittel gibt, den Lebenstrieb zu beruhigen, als es zu wollen – und kein andres Mittel, der Macht der Natur zu widerstehen, als ihr zuvorzukommen und durch eine freye Aufhebung alles sinnlichen Interesse ehe noch eine physische Macht es thut, sich moralisch zu entleiben.

Dazu nun stärken ihn erhabene Rührungen und ein öfterer Umgang mit der zerstörenden Natur, sowohl da wo sie ihm ihre verderbliche Macht bloß von Ferne zeigt, als wo sie sie wirklich gegen seine Mitmenschen äußert. Das Pathetische ist ein künstliches Unglück, und wie das wahre Unglück, setzt es uns in unmittelbaren Verkehr mit dem Geistergesetz, das in unserm Busen gebietet. Aber das wahre Unglück wählt seinen Mann und seine Zeit nicht immer gut; es überrascht uns oft wehrlos, und was noch schlimmer ist, es macht uns oft wehrlos. Das künstliche Unglück des Pathetischen hingegen findet uns in voller Rüstung, und weil es bloß eingebildet ist, so gewinnt das selbstständige Prinzipium in unserm Gemüthe Raum, seine absolute Independenz zu behaupten. Je öfter nun der Geist diesen Akt von Selbstthätigkeit erneuert, desto mehr wird ihm derselbe zur Fertigkeit, einen desto größern Vorsprung gewinnt er vor dem sinnlichen Trieb, daß er endlich auch dann, wenn aus dem eingebildeten und künstlichen Unglück ein ernsthaftes wird, im Stande ist, es als ein künstliches zu behandeln, und, der höchste Schwung der Menschennatur! das wirkliche Leiden in eine erhabene Rührung aufzulösen. Das Pathetische, kann man daher sagen, ist eine Inokulation des unvermeidlichen Schicksals, wodurch es seiner Bösartigkeit beraubt, und der Angriff desselben auf die starke Seite des Menschen hingeleitet wird.

Also hinweg mit der falsch verstandenen Schonung und dem schlaffen verzärtelten Geschmack, der über das ernste Angesicht der Nothwendigkeit einen Schleyer wirft, und um sich bey den Sinnen in Gunst zu setzen, eine Harmonie zwischen dem Wohlseyn und Wohlverhalten lügt, wovon sich in der wirklichen Welt keine Spuren zeigen. Stirne gegen Stirn zeige sich uns das böse Verhängniß. Nicht in der Unwissenheit der uns umlagernden Gefahren – denn diese muß doch endlich aufhören – nur in der Bekanntschaft mit denselben ist Heil für uns. Zu dieser Bekanntschaft nun verhilft uns das furchtbar herrliche Schauspiel der alles zerstörenden und wieder erschaffenden, und wieder zerstörenden Veränderung – des bald langsam untergrabenden, bald schnell überfallenden Verderbens, verhelfen uns die pathetischen Gemählde der mit dem Schicksal *ringenden* Menschheit, der unaufhaltsamen Flucht des Glücks, der betrogenen Sicherheit, der triumphirenden Ungerechtigkeit und der unterliegenden Unschuld, welche die Geschichte in reichem Maaß aufstellt, und die tragische Kunst nachahmend vor unsre Augen bringt. Denn wo wäre derjenige, der, bey einer nicht ganz verwahrlosten thierischen Anlage, von dem hartnäckigen und doch vergeblichen Kampf des Mithridat, von dem Untergang der Städte Syrakus und Karthago *lesen, und* bey solchen Scenen verweilen kann, ohne dem ernsten Gesetz der Nothwendigkeit mit einem Schauer zu huldigen, seinen Begierden augenblicklich den Zügel anzuhalten, und ergriffen von dieser ewigen Untreue alles Sinnlichen nach dem Beharrlichen in seinem Busen zu greifen? Die Fähigkeit, das Erhabene zu empfinden, ist also eine der herrlichsten Anlagen in der Menschennatur, die sowohl wegen ihres Ursprungs aus dem selbstständigen Denk- und Willens-Vermögen unsre Achtung, als wegen ihres Einflusses auf den moralischen Menschen die vollkommenste Entwickelung verdient. Das Schöne macht sich bloß verdient um den Menschen, das Erhabene um den reinen Dämon in ihm; und weil es einmal unsre Bestimmung ist, auch bey allen sinnlichen Schranken uns nach dem Gesetzbuch reiner Geister zu richten, so muß das Erhabene zu dem Schönen hinzukommen, um die ästhetische Erziehung zu einem vollständigen Ganzen zu machen, und die Empfindungsfähigkeit des menschlichen Herzens nach dem ganzen Umfang unsrer Bestimmung, und also auch über die Sinnenwelt hinaus, zu erweitern.

Ohne das Schöne würde zwischen unsrer Naturbestimmung und unsrer Vernunftbestimmung ein immerwährender Streit seyn. Ueber dem Bestreben, unserm Geisterberuf Genüge zu leisten, würden wir unsre Menschheit versäumen, und alle Augenblicke zum Aufbruch aus der Sinnenwelt gefaßt, in dieser uns einmal angewiesenen Sphäre des Handelns beständig Fremdlinge bleiben. Ohne das Erhabene würde uns die Schönheit unsrer Würde vergessen machen. In der Erschlaffung eines ununterbrochenen Genusses würden wir die Rüstigkeit des Karakters einbüßen, und an diese zufällige Form des Daseyns unauflösbar gefesselt, unsre unveränderliche Bestimmung und unser wahres Vaterland aus den Augen verlieren. Nur wenn das Erhabene mit dem Schönen sich gattet, und unsre Empfänglichkeit für beydes in gleichem Maaß ausgebildet worden ist, sind wir vollendete Bürger der Natur, ohne deswegen ihre Sklaven zu seyn, und ohne unser Bürgerrecht in der intelligibeln Welt zu verscherzen.

Nun stellt zwar schon die Natur für sich allein Objekte in Menge auf, an denen sich die Empfindungsfähigkeit für das Schöne und Erhabene üben könnte; aber der Mensch ist, wie in andern Fällen, so auch hier, von der zweyten Hand besser bedient, als von der Ersten, und will lieber einen zubereiteten und auserlesenen Stoff von der Kunst empfangen, als an der unreinen Quelle der Natur mühsam und dürftig schöpfen. Der nachahmende Bildungstrieb, der keinen Eindruck erleiden kann, ohne sogleich nach einem lebendigen Ausdruck zu streben, und in jeder schönen oder großen Form der Natur eine Ausfoderung erblickt, mit ihr zu ringen, hat vor derselben den großen Vortheil voraus, dasjenige als Hauptzweck und als ein eigenes Ganzes behandeln zu dürfen, was die Natur – wenn sie es nicht gar absichtlos hinwirft – bey Verfolgung eines ihr näher liegenden Zwecks bloß im Vorbeygehen mitnimmt. Wenn die Natur in ihren schönen organischen Bildungen entweder durch die mangelhafte Individualität des Stoffes oder durch Einwirkung heterogener Kräfte Gewalt erleidet, oder wenn sie, in ihren großen und pathetischen Scenen, Gewalt ausübt und als eine Macht auf den Menschen wirkt, da sie doch bloß als Objekt der freyen Betrachtung aesthetisch werden kann, so ist ihre Nachahmerinn, die bildende Kunst völlig frey, weil sie von ihrem Gegenstand alle zufällige Schranken absondert, und läßt auch das Gemüth des Betrachters frey, weil sie nur den Schein und nicht die Wirklichkeit nachahmt. Da aber der ganze Zauber des Erhabenen und Schönen nur in dem Schein und nicht in dem Inhalt liegt, so hat die Kunst alle Vortheile der Natur, ohne ihre Fesseln mit ihr zu theilen.

Ueber epische und dramatische Dichtung

von
Goethe und Schiller

Der Epiker und Dramatiker sind beyde den allgemeinen poetischen Gesetzen unterworfen, besonders dem Gesetze der Einheit und dem Gesetze der Entfaltung; ferner behandeln sie beyde ähnliche Gegenstände, und können beyde alle Arten von Motiven brauchen; ihr großer wesentlicher Unterschied beruht aber darin, daß der Epiker die Begebenheit als vollkommen vergangen vorträgt, und der Dramatiker sie als vollkommen gegenwärtig darstellt. Wollte man das Detail der Gesetze, wonach beyde zu handeln haben, aus der Natur des Menschen herleiten; so müßte man sich einen Rhapsoden und einen Mimen, beyde als Dichter, jenen mit seinem ruhig horchenden, diesen mit seinem ungeduldig schauenden und hörenden Kreise umgeben, immer vergegenwärtigen, und es würde nicht schwer fallen zu entwickeln, was einer jeden von diesen beyden Dichtarten am meisten frommt, welche Gegenstände jede vorzüglich wählen, welcher Motive sie sich vorzüglich bedienen wird; ich sage vorzüglich: denn, wie ich schon zu Anfang bemerkte, ganz ausschließlich kann sich keine etwas anmaßen.

Die Gegenstände des Epos und der Tragödie sollten rein menschlich, bedeutend und pathetisch seyn: die Personen stehen am besten auf einem gewissen Grade der Cultur, wo die Selbstthätigkeit noch auf sich allein angewiesen ist, wo man nicht moralisch, politisch, mechanisch, sondern persönlich wirkt. Die Sagen aus der heroischen Zeit der Griechen waren in diesem Sinne den Dichtern besonders günstig.

Das epische Gedicht stellt vorzüglich persönlich beschränkte Thätigkeit, die Tragödie persönlich beschränktes Leiden vor; das epische Gedicht den außer sich wirkenden Menschen: Schlachten, Reisen, jede Art von Unternehmung die eine gewisse sinnliche Breite fordert; die Tragödie den nach innen geführten Menschen, und die Handlungen der ächten Tragödie bedürfen daher nur weniges Raums.

Der Motive kenne ich fünferley Arten:

1) Vorwärtsschreitende, welche die Handlung fördern; deren bedient sich vorzüglich das Drama.

2) Rückwärtsschreitende, welche die Handlung von ihrem Ziele entfernen; deren bedient sich das epische Gedicht fast ausschließlich.

3) Retardirende, welche den Gang aufhalten, oder den Weg verlängern; dieser bedienen sich beyde Dichtarten mit dem größten Vortheile.

4) Zurückgreifende, durch die dasjenige was vor der Epoche des Gedichts geschehen ist, hereingehoben wird.

5) Vorgreifende, die dasjenige was nach der Epoche des Gedichts geschehen wird, anticipiren; beyde Arten braucht der epische so wie der dramatische Dichter, um sein Gedicht vollständig zu machen.

Die Welten, welche zum Anschauen gebracht werden sollen, sind beyden gemein:

1) die physische, und zwar erstlich die nächste, wozu die dargestellten Personen gehören und die sie umgiebt. In dieser steht der Dramatiker meist auf Einem Puncte fest, der Epiker bewegt sich freyer in einem größern Local; zweytens die entferntere Welt, wozu ich die ganze Natur rechne. Diese bringt der epische Dichter, der sich überhaupt an die Imagination wendet, durch Gleichnisse näher, deren sich der Dramatiker sparsamer bedient.

2) die sittliche ist beyden ganz gemein, und wird am glücklichsten in ihrer physiologischen und pathologischen Einfalt dargestellt.

3) die Welt der Phantasieen, Ahnungen, Erscheinungen, Zufälle und Schicksale. Diese steht beyden offen, nur versteht sich, daß sie an die sinnliche herangebracht werde; wobey denn für die Modernen eine besondere Schwierigkeit entsteht, weil wir für die Wundergeschöpfe, Götter, Wahrsager und Orakel der Alten, so sehr es zu wünschen wäre, nicht leicht Ersatz finden.

Die Behandlung im Ganzen betreffend, wird der Rhapsode, der das vollkommen Vergangene vorträgt, als ein weiser Mann erscheinen, der in ruhiger Besonnenheit das Geschehene übersieht; sein Vortrag wird dahin zwecken, die Zuhörer zu beruhigen, damit sie ihm gern und lange zuhören, er wird das Interesse egal vertheilen, weil er nicht im Stande ist, einen allzulebhaften Eindruck geschwind zu balanciren, er wird nach Belieben rückwärts und vorwärts greifen und wandeln, man wird ihm überall folgen, denn er hat es nur mit der Einbildungskraft zu thun, die sich ihre Bilder selbst hervorbringt, und der es auf einen gewissen Grad gleichgültig ist, was für welche sie aufruft. Der Rhapsode sollte als ein höheres Wesen in seinem Gedicht nicht selbst erscheinen, er läse hinter einem Vorhange am allerbesten, so daß man von aller Persönlichkeit abstrahirte und nur die Stimme der Musen im Allgemeinen zu hören glaubte.

Der Mime dagegen ist gerade in dem entgegengesetzten Fall, er stellt sich als ein bestimmtes Individuum dar, er will daß man an ihm und seiner nächsten Umgebung ausschließlich Theil nehme, daß man die Leiden seiner Seele und seines Körpers mitfühle, seine Verlegenheiten theile und sich selbst über ihn vergesse. Zwar wird auch er stufenweise zu Werke gehen, aber er kann viel lebhaftere Wirkungen wagen, weil bey sinnlicher Gegenwart auch sogar der stärkere Eindruck durch einen schwächern vertilgt werden kann. Der zuschauende Hörer muß von Rechtswegen in einer steten sinnlichen Anstrengung bleiben, er darf sich nicht zum Nachdenken erheben, er muß leidenschaftlich folgen, seine Phantasie ist ganz zum Schweigen gebracht, man darf keine Ansprüche an sie machen, und selbst was erzählt wird muß gleichsam darstellend vor die Augen gebracht werden.

Ueber den Gebrauch des Chors
in der Tragödie

Ein poetisches Werk muß sich selbst rechtfertigen, und wo die That nicht spricht, da wird das Wort nicht viel helfen. Man könnte es also gar wohl dem Chor überlassen sein eigener Sprecher zu seyn, wenn er nur erst selbst auf die gehörige Art zur Darstellung gebracht wäre. Aber das tragische Dichterwerk wird erst durch die theatralische Vorstellung zu einem Ganzen: nur die Worte giebt der Dichter, Musik und Tanz müssen hinzu kommen, sie zu beleben. So lange also dem Chor diese sinnlich mächtige Begleitung fehlt, so lange wird er in der Oeconomie des Trauerspiels als ein Aussending, als ein fremdartiger Körper, und als ein Auffenthalt erscheinen, der nur den Gang der Handlung unterbricht, der die Täuschung stört, der den Zuschauer erkältet. Um dem Chor sein Recht anzuthun, muß man sich also von der wirklichen Bühne auf eine mögliche versetzen, aber das muß man überal, wo man zu etwas höherm gelangen will. Was die Kunst noch nicht hat, das soll sie erwerben; der zufällige Mangel an Hilfsmitteln darf die schaffende Einbildungskraft des Dichters nicht beschränken. Das Würdigste sezt er sich zum Ziel, einem Ideale strebt er nach, die ausübende Kunst mag sich nach den Umständen bequemen.

Es ist nicht wahr, was man gewöhnlich behaupten hört, daß das Publikum die Kunst herabzieht; der Künstler zieht das Publikum herab, und zu allen Zeiten, wo die Kunst verfiel, ist sie durch die Künstler gefallen. Das Publikum braucht nichts als Empfänglichkeit, und diese besizt es. Es tritt vor den Vorhang mit einem unbestimmten Verlangen, mit einem vielseitigen Vermögen. Zu dem Höchsten bringt es eine Fähigkeit mit, es erfreut sich an dem Verständigen und Rechten, und wenn es damit angefangen hat, sich mit dem Schlechten zu begnügen, so wird es zuverlässig damit aufhören, das Vortrefliche zu fodern, wenn man es ihm erst gegeben hat.

Der Dichter, hört man einwenden, hat gut, nach einem Ideal arbeiten, der Kunstrichter hat gut, nach Ideen urtheilen, die bedingte, beschränkte, ausübende Kunst ruht auf dem Bedürfniß. Der Unternehmer will bestehen, der Schauspieler will sich zeigen, der Zuschauer will unterhalten und in Bewegung gesezt seyn. Das Vergnügen sucht er, und ist unzufrieden, wenn man ihm da eine Anstrengung zumuthet, wo er ein Spiel und eine Erhohlung erwartet.

Aber indem man das Theater ernsthafter behandelt, will man das Vergnügen des Zuschauers nicht aufheben, sondern veredeln. Es soll ein Spiel bleiben, aber ein poetisches. Alle Kunst ist der Freude gewidmet, und es giebt keine höhere und keine ernsthaftere Aufgabe, als die Menschen zu beglücken. Die rechte Kunst ist nur diese, welche den höchsten Genuß verschaft. Der höchste Genuß aber ist die Freiheit des Gemüths in dem lebendigen Spiel aller seiner Kräfte.

Jeder Mensch zwar erwartet von den Künsten der Einbildungskraft eine gewisse Befreiung von den Schranken des Wirklichen, er will sich an dem Möglichen ergötzen und seiner Phantasie Raum geben. Der am wenigsten erwartet, will doch sein Geschäft, sein gemeines Leben, sein Individuum vergessen, er will sich in ausserordentlichen Lagen fühlen, sich an den seltsamen Combinationen des Zufalls weiden, er will, wenn er von ernsthafterer Natur ist, die moralische Weltregierung, die er im wirklichen Leben vermißt, auf der Schaubühne finden. Aber er weiß selbst recht gut, daß er nur ein leeres Spiel treibt, daß er im eigentlichen Sinn sich nur an Träumen weidet, und wenn er von dem Schauplatz wieder in die wirkliche Welt zurück kehrt, so umgiebt ihn diese wieder mit ihrer ganzen drückenden Enge, er ist ihr Raub wie vorher, denn sie selbst ist geblieben was sie war, und an ihm ist nichts verändert worden. Dadurch ist also nichts gewonnen als ein gefälliger Wahn des Augenblicks, der beim Erwachen verschwindet.

Und eben darum, weil es hier nur auf eine vorübergehende Täuschung abgesehen ist, so ist auch nur ein Schein der Wahrheit, oder die beliebte Wahrscheinlichkeit nöthig, die man so gern an die Stelle der Wahrheit sezt.

Die wahre Kunst aber hat es nicht bloß auf ein vorübergehendes Spiel abgesehen, es ist ihr ernst damit, den Menschen nicht bloß in einen augenblicklichen Traum von Freiheit zu versetzen, sondern ihn wirklich und in der That frei zu machen, und dieses dadurch, daß sie eine Kraft in ihm erweckt, übt und ausbildet, die sinnliche Welt, die sonst nur als ein roher Stoff auf uns lastet, als eine blinde Macht auf uns drückt, in eine objektive Ferne zu rükken, in ein freies Werk unsers Geistes zu verwandeln, und das Materielle durch Ideen zu beherrschen.

Und eben darum weil die wahre Kunst etwas reelles und objektives will, so kann sie sich nicht bloß mit dem Schein der Wahrheit begnügen; auf der Wahrheit selbst, auf dem festen und tiefen Grunde der Natur errichtet sie ihr ideales Gebäude.

Wie aber nun die Kunst zugleich ganz ideell und doch im tiefsten Sinne reell seyn – wie sie das Wirkliche ganz verlassen und doch aufs genaueste mit der Natur übereinstimmen soll und kann, das ists, was wenige fassen, was die Ansicht poetischer und plastischer Werke so schielend macht, weil beide Foderungen einander im gemeinen Urtheil geradezu aufzuheben scheinen.

Auch begegnet es gewöhnlich, daß man das eine mit Aufopferung des andern zu erreichen sucht, und eben deswegen beides verfehlt. Wem die Natur zwar einen treuen Sinn und eine Innigkeit des Gefühls verliehen, aber die schaffende Einbildungskraft versagte, der wird ein treuer Mahler des Wirklichen seyn, er wird die zufällige Erscheinungen aber nie den Geist der Natur ergreifen. Nur den Stoff der Welt wird er uns wiederbringen, aber es wird eben darum nicht unser Werk, nicht das freie Produkt unsers bildenden Geistes seyn, und kann also auch die wohlthätige Wirkung der Kunst, welche in der Freiheit besteht, nicht haben. Ernst zwar, doch unerfreulich ist die Stimmung, mit der uns ein solcher Künstler und Dichter entläßt, und wir sehen uns durch die Kunst selbst, die uns befreien sollte, in die gemeine enge Wirklichkeit peinlich zurück versezt. Wem hingegen zwar eine rege Phantasie aber ohne Gemüth und Charakter zu Theil geworden, der wird sich um keine Wahrheit bekümmern; sondern mit dem Weltstoff nur spielen, nur durch phantastische und bizarre Combinationen zu überraschen suchen, und wie sein ganzes Thun nur Schaum und Schein ist, so wird er zwar für den Augenblick unterhalten, aber im Gemüth nichts erbauen und begründen. Sein Spiel ist, so wie der Ernst des andern, kein poetisches. Phantastische Gebilde willkührlich aneinander reihen, heißt nicht ins Ideale gehen, und das Wirkliche nachahmend wieder bringen, heißt nicht die Natur darstellen. Beide Foderungen stehen so wenig im Widerspruch mit einander, daß sie vielmehr – eine und dieselbe sind; daß die Kunst nur dadurch wahr ist, daß sie das Wirkliche ganz verläßt und rein ideell wird. Die Natur selbst ist nur eine Idee des Geistes, die nie in die Sinne fällt. Unter der Decke der Erscheinungen liegt sie, aber sie selbst kommt niemals zur Erscheinung. Bloß der Kunst des Ideals ist es verliehen, oder vielmehr es ist ihr aufgegeben, diesen Geist des Alls zu ergreifen, und in einer körperlichen Form zu binden. Auch sie selbst kann ihn zwar nie vor die Sinne, aber doch durch ihre schaffende Gewalt vor die Einbildungskraft bringen, und dadurch wahrer seyn als alle Wirklichkeit und realer als alle Erfahrung. Es ergiebt sich daraus von selbst, daß der Künstler kein einziges Element aus der Wirklichkeit brauchen kann, wie er es findet, daß sein Werk in allen seinen Theilen ideell seyn muß, wenn es als ein Ganzes Realität haben und mit der Natur übereinstimmen soll.

Was von Poesie und Kunst im Ganzen wahr ist, gilt auch von allen Gattungen derselben, und es läßt sich ohne Mühe von dem jezt gesagten auf die Tragödie die Anwendung machen. Auch hier hatte man lange und hat noch jezt mit dem gemeinen Begriff des Natürlichen zu kämpfen, welcher alle Poesie und Kunst gerade zu aufhebt und vernichtet. Der bildenden Kunst giebt man zwar nothdürftig, doch mehr aus convenzionellen als aus innern Gründen, eine gewisse Idealität zu, aber von der Poesie und von der dramatischen insbesondere verlangt man Illusion, die, wenn sie auch wirklich zu leisten wäre, immer nur ein armseliger Gauklerbetrug seyn würde. Alles äußere bei einer dramatischen Vorstellung steht diesem Begriff entgegen – alles ist nur ein Symbol des Wirklichen. Der Tag selbst auf dem Theater ist nur ein künstlicher, die Architectur ist nur eine symbolische, die metrische Sprache selbst ist ideal, aber die Handlung soll nun einmal real seyn, und der Theil das Ganze zerstören. So haben die Franzosen, die den Geist der Alten zuerst ganz misverstanden, eine Einheit des Orts und der Zeit nach dem gemeinsten empirischen Sinn auf der Schaubühne eingeführt, als ob hier ein anderer Ort wäre als der bloß ideale Raum, und eine andere Zeit als bloß die stetige Folge der Handlung.

Durch Einführung einer metrischen Sprache ist man indeß der poetischen Tragödie schon um einen grossen Schritt näher gekommen. Es sind einige lyrische Versuche auf der Schaubühne glücklich durchgegangen, und die Poesie hat sich durch ihre eigene lebendige Kraft, im Einzelnen, manchen Sieg über das herrschende Vorurtheil errungen. Aber mit den einzelnen ist wenig gewonnen, wenn nicht der Irrthum im Ganzen fällt, und es ist nicht genug, daß man das nur als eine poetische Freiheit duldet, was doch das Wesen aller Poesie ist. Die Einführung des Chors wäre der lezte, der entscheidende Schritt – und wenn derselbe auch nur dazu diente, dem Naturalism in der Kunst offen und ehrlich den Krieg zu erklären, so sollte er uns eine lebendige Mauer seyn, die die Tragödie um sich herumzieht, um sich von der wirklichen Welt rein abzuschließen, und sich ihren idealen Boden, ihre poetische Freiheit zu bewahren.

Die Tragödie der Griechen ist, wie man weiß, aus dem Chor entsprungen. Aber so wie sie sich historisch und der Zeitfolge nach daraus loswand, so kann man auch sagen, daß sie poetisch und dem Geiste nach aus demselben entstanden, und daß ohne diesen beharrlichen Zeugen und Träger der Handlung eine ganz andere Dichtung aus ihr geworden wäre. Die Abschaffung des Chors und die Zusammenziehung dieses sinnlich mächtigen Organs in die charakterlose langweilig wiederkehrende Figur eines ärmlichen Vertrauten war also keine so große Verbesserung der Tragödie als die Franzosen und ihre Nachbeter sich eingebildet haben.

Die alte Tragödie, welche sich ursprünglich nur mit Göttern, Helden und Königen abgab, brauchte den Chor als eine nothwendige Begleitung, sie fand ihn in der Natur und brauchte ihn, weil sie ihn fand. Die Handlungen und Schicksale der Helden und Könige sind schon an sich selbst öffentlich, und waren es in der einfachen Urzeit noch mehr. Der Chor war folglich in der alten Tragödie mehr ein natürliches Organ, er folgte schon aus der poetischen Gestalt des wirklichen Lebens. In der neuen Tragödie wird er zu einem Kunstorgan, er hilft die Poesie h e r - v o r b r i n g e n. Der neuere Dichter findet den Chor nicht mehr in der Natur, er muß ihn poetisch erschaffen und einführen, das ist, er muß mit der Fabel, die er behandelt, eine solche Veränderung vornehmen, wodurch sie in jene kindliche Zeit und in jene einfache Form des Lebens zurück versezt wird.

Der Chor leistet daher dem neuern Tragiker noch weit wesentlichere Dienste als dem alten Dichter, eben deßwegen, weil er die moderne gemeine Welt in die alte poetische verwandelt, weil er ihm alles das unbrauchbar macht, was der Poesie widerstrebt, und ihn auf die einfachsten ursprünglichsten und naivsten Motive hinauftreibt. Der Pallast der Könige ist jezt geschlossen, die Gerichte haben sich von den Thoren der Städte in das Innere der Häuser zurückgezogen, die Schrift hat das lebendige Wort verdrängt, das Volk selbst, die sinnlich lebendige Masse, ist, wo sie nicht als rohe Gewalt wirkt, zum Staat, folglich zu einem abgezogenen Begriff geworden, die Götter sind in die Brust des Menschen zurückgekehrt. Der Dichter muß die Palläste wieder aufthun, er muß die Gerichte unter freien Himmel herausführen, er muß die Götter wieder aufstellen, er muß alles Unmittelbare, das durch die künstliche Einrichtung des wirklichen Lebens aufgehoben ist, wieder herstellen, und alles künstliche Machwerk an dem Menschen und um denselben, das die Erscheinung seiner innern Natur und seines ursprünglichen Charakters hindert, wie der Bildhauer die modernen Gewänder, abwerfen, und von allen äussern Umgebungen desselben nichts aufnehmen, als was die Höchste der Formen, die menschliche, sichtbar macht.

Aber eben so, wie der bildende Künstler die faltige Fülle der Gewänder um seine Figuren breitet, um die Räume seines Bildes reich und anmuthig auszufüllen, um die getrennten Parthien desselben in ruhigen Massen stetig zu verbinden, um der Farbe, die das Auge reizt und erquickt, einen Spielraum zu geben, um die menschlichen Formen zugleich geistreich zu verhüllen und sichtbar zu machen, eben so durchflicht und umgiebt der tragische Dichter seine streng abgemessene Handlung und die festen Umrisse seiner handelnden Figuren mit einem lyrischen Prachtgewebe, in welchem sich, als wie in einem weitgefalteten Purpurgewand, die handelnden Personen frei und edel mit einer gehaltenen Würde und hoher Ruhe bewegen.

In einer höhern Organisation darf der Stoff oder das Elementarische nicht mehr sichtbar seyn, die chemische Farbe verschwindet in der feinen Karnation des Lebendigen. Aber auch der Stoff hat seine Herrlichkeit, und kann als solcher in einem Kunstkörper aufgenommen werden. Dann aber muß er sich durch Leben und Fülle und durch Harmonie seinen Platz verdienen, und die Formen, die er umgiebt, geltend machen, anstatt sie durch seine Schwere zu erdrücken.

In Werken der bildenden Kunst ist dieses jedem leicht verständlich, aber auch in der Poesie, und in der tragischen, von der hier die Rede ist, findet dasselbe statt. Alles was der Verstand sich im allgemeinen ausspricht, ist eben so wie das, was blos die Sinne reizt, nur Stoff und rohes Element in einem Dichterwerk, und wird da, wo es vorherrscht, unausbleiblich das Poetische zerstören; denn dieses liegt gerade in dem Indifferenzpunkt des Ideellen und Sinnlichen. Nun ist aber der Mensch so gebildet, daß er immer von dem Besondern ins Allgemeine gehen will, und die Reflexion muß also auch in der Tragödie ihren Platz erhalten. Soll sie aber diesen Platz verdienen, so muß sie das, was ihr an sinnlichem Leben fehlt, durch den Vortrag wieder gewinnen, denn wenn die zwey Elemente der Poesie das Ideale und Sinnliche nicht innig verbunden zusammen wirken, so müssen sie neben einander wirken, oder die Poesie ist aufgehoben. Wenn die Waage nicht vollkommen inne steht, da kann das Gleichgewicht nur durch eine Schwankung der beiden Schaalen hergestellt werden.

Und dieses leistet nun der Chor in der Tragödie. Der Chor ist selbst kein Individuum, sondern ein allgemeiner Begriff, aber dieser Begriff repräsentirt sich durch eine sinnlich mächtige Masse, welche durch ihre ausfüllende Gegenwart den Sinnen imponirt. Der Chor verläßt den engen Kreis der Handlung, um sich über Vergangenes und Künftiges, über ferne Zeiten und Völker, über das Menschliche überhaupt zu verbreiten, um die großen Resultate des Lebens zu ziehen, und die Lehren der Weisheit auszusprechen. Aber er thut dieses mit der vollen Macht der Phantasie, mit einer kühnen lyrischen Freiheit, welche auf den hohen Gipfeln der menschlichen Dinge wie mit Schritten der Götter einhergeht – und er thut es von der ganzen sinnlichen Macht des Rhythmus und der Musik in Tönen und Bewegungen begleitet.

Der Chor reinigt also das tragische Gedicht, indem er die Reflexion von der Handlung absondert, und eben durch diese Absonderung sie selbst mit poetischer Kraft ausrüstet; eben so wie der bildende Künstler die gemeine Nothdurft der Bekleidung durch eine reiche Drapperie in einen Reiz und in eine Schönheit verwandelt.

Aber eben so wie sich der Mahler gezwungen sieht, den Farbenton des Lebendigen zu verstärken, um den mächtigen Stoffen das Gleichgewicht zu halten, so legt die lyrische Sprache des Chors dem Dichter auf, verhältnißmäßig die ganze Sprache des Gedichts zu erheben und dadurch die sinnliche Gewalt des Ausdrucks überhaupt zu verstärken. Nur der Chor berechtigt den tragischen Dichter zu dieser Erhebung des Tons, die das Ohr ausfüllt, die den Geist anspannt, die das ganze Gemüth erweitert. Diese eine Riesengestalt in seinem Bilde nöthigt ihn, alle seine Figuren auf den Kothurn zu stellen, und seinem Gemälde dadurch die tragische Größe zu geben. Nimmt man den Chor hinweg, so muß die Sprache der Tragödie im Ganzen sinken, oder was jezt groß und mächtig ist, wird gezwungen und überspannt erscheinen. Der alte Chor in das französische Trauerspiel eingeführt, würde es in seiner ganzen Dürftigkeit darstellen und zunichte machen; eben derselbe würde ohne Zweifel Shakespears Tragödie erst ihre wahre Bedeutung geben.

So wie der Chor in die Sprache Leben bringt, so bringt er Ruhe in die Handlung – aber die schöne und hohe Ruhe, die der Charakter eines edeln Kunstwerkes seyn muß. Denn das Gemüth des Zuschauers soll auch in der heftigsten Passion seine Freiheit behalten, es soll kein Raub der Eindrücke seyn, sondern sich immer klar und heiter von den Rührungen scheiden, die es erleidet. Was das gemeine Urtheil an dem Chor zu tadeln pflegt, daß er die Täuschung aufhebe, daß er die Gewalt der Affekte breche, das gereicht ihm zu seiner höchsten Empfehlung, denn eben diese blinde Gewalt der Affekte ist es, die der wahre Künstler vermeidet, diese Täuschung ist es, die er zu erregen verschmäht. Wenn die Schläge, womit die Tragödie unser Herz trift, ohne Unterbrechung auf einander folgten, so würde das Leiden über die Thätigkeit siegen. Wir würden uns mit dem Stoffe vermengen und nicht mehr über demselben schweben. Dadurch, daß der Chor die Theile aus einander hält, und zwischen die Passionen mit seiner beruhigenden Betrachtung tritt, giebt er uns unsre Freiheit zurück, die im Sturm der Affekte verloren gehen würde. Auch die tragischen Personen selbst bedürfen dieses Anhalts, dieser Ruhe, um sich zu sammeln; denn sie sind keine wirkliche Wesen, die blos der Gewalt des Moments gehorchen, und blos ein Individuum darstellen, sondern ideale Personen und Repräsentanten ihrer Gattung, die das Tiefe der Menschheit aussprechen. Die Gegenwart des Chors, der als ein richtender Zeuge sie vernimmt, und die ersten Ausbrüche ihrer Leidenschaft durch seine Dazwischenkunft bändigt, motivirt die Besonnenheit, mit der sie handeln, und die Würde, mit der sie reden. Sie stehen gewissermassen schon auf einem natürlichen Theater, weil sie vor Zuschauern sprechen und handeln, und werden eben deßwegen desto tauglicher von dem Kunst-Theater zu einem Publikum zu reden.

Soviel über meine Befugniß, den alten Chor auf die tragische Bühne zurück zu führen. Chöre kennt man zwar auch schon in der modernen Tragödie, aber der Chor des griechischen Trauerspiels, so wie ich ihn hier gebraucht habe, der Chor als eine einzige ideale Person, die die ganze Handlung trägt und begleitet, dieser ist von jenen operhaften Chören wesentlich verschieden, und wenn ich bei Gelegenheit der griechischen Tragödie von Chören anstatt von einem Chor sprechen höre, so entsteht mir der Verdacht, daß man nicht recht wisse, wovon man rede. Der Chor der alten Tragödie ist meines Wissens seit dem Verfall derselben nie wieder auf der Bühne erschienen.

Ich habe den Chor zwar in zwey Theile getrennt und im Streit mit sich selbst dargestellt; aber dieß ist nur dann der Fall, wo er als wirkliche Person und als blinde Menge mithandelt. Als Chor und als ideale Person ist er immer eins mit sich selbst. Ich habe den Ort verändert und den Chor mehrmal abgehen lassen; aber auch Aeschylus, der Schöpfer der Tragödie, und Sophokles, der größte Meister in dieser Kunst, haben sich dieser Freiheit bedient.

Eine andere Freiheit, die ich mir erlaubt, möchte schwerer zu rechtfertigen seyn. Ich habe die christliche Religion und die griechische Götterlehre vermischt angewendet, ja selbst an den maurischen Aberglauben erinnert. Aber der Schauplatz der Handlung ist Messina, wo diese drey Religionen theils lebendig, theils in Denkmälern fortwirkten und zu den Sinnen sprachen. Und dann halte ich es für ein Recht der Poesie, die verschiedenen Religionen als ein kollektives Ganze für die Einbildungskraft zu behandeln, in welchem alles, was einen eignen Charakter trägt, eine eigne Empfindungsweise ausdrückt, seine Stelle findet. Unter der Hülle aller Religionen liegt die Religion selbst, die Idee eines Göttlichen, und es muß dem Dichter erlaubt seyn, dieses auszusprechen in welcher Form er jedesmal am bequemsten und am treffendsten findet.

Tragödie und Comödie

Das Gemüth in Freiheit zu setzen erzielen beide, die Comödie leistet es aber durch die moralische Indifferenz, die Tragödie durch die Autonomie.

In der Comödie muß alles von dem moralischen Forum auf das physische gespielt werden, denn das moralische erlaubt keine Indifferenz. Behandelt die Comödie etwas, was unser moralisches Gefühl intereßirt, so liegt ihr ob, es zu neutralisieren, d.i. es in die Klaße natürlicher Dinge zu versetzen, welche nach der Causalität nothwendig erfolgen.

Undank z. b ist an sich etwas, was unser moralisches Gefühl affiziert. Undank kann tragisch behandelt werden, so im Lear der Undank der Töchter gegen den Vater, und da ist es eine moralische Rührung. Wir werden dadurch moralisch verlezt, das kann und soll uns nicht erspart werden, denn die Tragödie fodert dass wir leiden, durch den Schmerz führt sie uns zur Freiheit.

Undank kann aber auch in der Comödie behandelt werden, aber dann muss er als eine natürliche Sache erscheinen; und wenn wir in der Tragödie mit demjenigen Mitleiden haben, der Undank erleidet, so muss uns die Comödie den lächerlich machen, welcher Dank erwartet.

Man hat den Moliere getadelt, daß er in dem Tartuffe den Heuchler zum Gegenstand einer Comödie gemacht; ein Character der immer Abscheu errege und folglich für die Heiterkeit des Lustspiels nicht geeignet sey. Wenn Moliere wirklich durch Darstellung seines Heuchlers unsre Indignation unsern Abscheu erregt, so hat er freilich unrecht und in diesem Fall hätte ihn der Genius der Comödie verlaßen. Auch den Heuchler kann die Comödie behandeln, aber dann muß es so geschehen, daß nicht er abscheulich, sondern die welche er betrügt lächerlich werden.

Welche von beiden, die Comödie oder die Tragödie, höher stehe ist öfters gefragt worden. Man müßte untersuchen, welche von beiden die höhere Kraft voraussezt und das Höhere erzielt, aber dann wird man finden, daß beide aus so verschiedenen Punkten ausgehen und nach so verschiedenen Punkten wirken, daß sie sich nicht vergleichen lassen. Im Ganzen kann man sagen: die Comödie sezt uns in einen höheren Zustand, die Tragödie in eine höhere Thätigkeit. Unser Zustand in der Comödie ist ruhig, klar, frei, heiter, wir fühlen uns weder thätig noch leidend, wir schauen an und alles bleibt außer uns; dieß ist der Zustand der Götter, die sich um nichts menschliches bekümmern, die über allem frei schweben, die kein Schicksal berührt, die kein Gesetz zwingt.

Aber wir sind Menschen, wir stehen unter dem Schicksal, wir sind unter dem Zwang von Gesetzen. Es muß also eine höhere rüstigere Kraft in uns aufgeweckt und geübt werden, damit wir uns wieder herstellen können, wenn jenes glückliche Gleichgewicht, worinn die Comödie uns fand, aufgehoben ist. Dort brauchtes wir diese Kraft nicht, weil wir mit nichts zu kämpfen hatten; aber hier müssen wir siegen und bedürfen also der Kraft. Die Tragödie macht uns nicht zu Göttern, weil Götter nicht leiden können, sie macht uns zu Heroen d.i. zu göttlichen Menschen oder wenn man will zu leidenden Göttern zu Titanen. Prometheus, der Held einer der schönsten Tragödien, ist gewißermaßen ein Sinnbild der Tragödie selbst.

Anhang

Kommentare und Erläuterungen

Die Druckvorlagen [D] der einzelnen Texte wurden alle der *Nationalausgabe* [NA; s. Literaturhinweise] entnommen. Textstellen aus dem vorliegenden Band werden unter Angabe bloßer Seiten- und Zeilenzahl nachgewiesen; Textstellen aus der NA unter Band-, Seiten und teilweise Zeilenangabe.

Was kann eine gute stehende Schaubühne eigentlich wirken?

Am 8. Januar 1784 wurde Schiller in die Kurpfälzische Deutsche Gesellschaft aufgenommen und hielt bei dieser Mannheimer Gesellschaft am 26. Juni seine Antrittsrede über das Thema: »Vom Wirken der Schaubühne auf das Volk.« Diesen Vortrag veröffentlichte er im ersten Heft seiner Zeitschrift *Rheinische Thalia* (Lenzmonat 1785, S. 1–27) unter dem Titel *Was kann eine gute stehende Schaubühne eigentlich wirken?* Als Schiller 1802 seine literarischen und ästhetischen Aufsätze sammelte, überarbeitete er die Rede, strich die Einleitung nebst allen Anspielungen auf *Die Räuber* und publizierte den Aufsatz im vierten Teil seiner *Kleineren prosaischen Schriften* (Leipzig 1802) unter dem neuen, sprichwörtlich gewordenen Titel *Die Schaubühne als eine moralische Anstalt betrachtet*.

D: NA, Bd. 20: *Philosophische Schriften*, Tl. 1, hrsg. von Benno von Wiese, 1962, S. 87–100.

5,6 *herzogl. Weimarischen Rat:* Am 27. Dezember 1784 verlieh Herzog Karl August von Weimar Schiller diesen Ehrentitel.
6,1 *Historien:* Schauspieler oder auch Amtspersonen.
6,6 *Quartbände:* Format von Büchern (Folio, Quart, Oktav usw.); hier Bände mit einer Buchrückenhöhe von 30–35 cm.
6,17f. *Fakultäten:* Die vier akademischen Fakultäten des 18. Jahrhunderts (Theologie, Medizin, Rechtswissenschaften, Philosophie).
6,23f. *»Was wirkt die Bühne?«*: Das war eine der Fragen, die Reichsfreiherr Wolfgang Heribert von Dalberg, der Intendant des Mannheimer Hof- und Nationaltheaters, am 14. Mai 1784

dem Theaterausschuss, zu dem auch Schiller gehörte, vorgelegt hatte.
7,2 *Das System der körperlichen Anziehung:* Das Gesetz der Schwerkraft, das Newton (1643–1727) aufgestellt hatte.
7,17 *Schimären:* Trugbilder, Hirngespinste.
7,19 *Thalia:* Muse der Schauspielkunst.
7,20 *Fama:* Göttin des Ruhms.
Iphigenia: Euripides' Drama *Iphigenia in Aulis*, das Schiller 1788 übersetzte und später mit Goethes *Iphigenie auf Tauris* verglich.
7,22 *Hamlet:* Gemeint ist Shakespeares *Hamlet*.
7,29f. *Der härteste Angriff:* Gemeint ist Jean-Jacques Rousseaus *Lettre à Mr. D'Alembert sur les spectacles* (1758), das eine Antwort auf d'Alemberts Vorschlag, in Genf ein Theater zu errichten, darstellt. Rousseau wies dieses Ansinnen schroff zurück, da ein Theater die Sitten verderbe. Dieser radikalen Kritik des Theaters hatte sich Schiller noch in seiner Frühschrift *Über das gegenwärtige teutsche Theater* (1782) angeschlossen.
8,3 *Brandmark des Namens:* den Namen brandmarken, verunglimpfen.
8,8 *Damiens:* Robert Francois d'Amiens (1715–1757) wurde nach einem missglückten Attentat auf Ludwig XIV. gefoltert und hingerichtet.
8,8f. *Ravaillac:* François Ravaillac (1578–1610), katholischer Lehrer und religiöser Fanatiker, der am 14. Mai 1610 den französischen König Heinrich IV. erdolchte.
8,13f. *schoß Karl der Neunte auf die fliehenden Hugenotten zu Paris:* die »Bartholomäusnacht« oder »Pariser Bluthochzeit«, auf der am 24. August 1572 in Paris 22 000 Protestanten ermordet wurden.
8,20 *Aspasia:* eine der berühmtesten Frauen des griechischen Altertums und Gattin des griechischen Politikers Perikles.
8,27f. *nach Sulzers Ausdruck:* Johann Georg Sulzer (1720–1779), *Allgemeine Theorie der schönen Künste* (2 Tle.,1771–74), Artikel »Schauspiel«.
9,1f. *mittleren Zustand:* Dieser ästhetische Zustand der Harmonie zwischen den entgegengesetzten Trieben der Sinnlichkeit und Vernunft deutet schon voraus auf Schillers Briefe *Über die ästhetische Erziehung des Menschen*.
10,23 *Larven:* Masken.
10,24 *Rhadamanthus:* Sohn des Zeus und der Europa, einer der drei Richter in der Unterwelt.

10,25 *Die Gerichtsbarkeit der Bühne:* Ein Gedanke, den schon Lessing im 7. Stück der *Hamburgischen Dramaturgie* (1767) angesprochen hatte, als er vom Theater als einer Ergänzung bzw. einem »Supplement der Gesetze« sprach.
10,27 *für Gold:* durch Gold.
10,30 *Schwerd und Waage:* Insignien der Gerechtigkeit (*justitia*).
11,2 *Hohlspiegel:* konkaver Spiegel.
11,6 *Medea:* Heldin der gleichnamigen Tragödie des Euripides, die aus Rache an ihrem sie verlassenden Mann Iason ihre beiden Kinder umbrachte.
11,10f. *Lady Makbeth:* Gemeint ist Lady Macbeth aus Shakespeares Tragödie *Macbeth*, die nach der Ermordung von König Duncan schlaflos und irrsinnig durch das Schloss wankt.
11,17 *Franz von Moor:* Schillers Drama *Die Räuber*. Schiller strich diese Stelle 1802, da sie ihm in dieser Reihe zu anmaßend erschien.
11,30 *abschröckende:* abschreckende.
12,11f. *Cinna:* gleichnamiges Drama Pierre Corneilles; Anspielung auf Szene V,3.
12,14f. *Franz von Sickingen:* zeitgenössisches Schauspiel, dessen Verfasser unbekannt ist und über das Dalberg 1783 Schillers Urteil einholte.
12,24 *Lear:* Shakespeares Drama *King Lear*; Anspielung auf Szenen II,3 und 4.
12,27 *Regan:* eine von Lears Töchtern.
13,35–14,18 *Wenn wir es unternehmen wollten ... die sanfte Ermahnung:* Dieser Abschnitt enthält eine der wenigen Bemerkungen Schillers zur Komödie. Er stützt sich auf Sulzers Artikel »Comödie« und auf das 29. Stück von Lessings *Hamburgischer Dramaturgie* (vgl. auch Schillers weitere Überlegungen zur Tragödie und Komödie, S. 133f.).
14,7 *für Verbrechen und Lastern:* vor Verbrechen und Lastern.
14,17 *Larve:* vgl. Anm. zu 10,23.
14,29 *Molieres Harpagon:* Hauptcharakter in Molières Komödie *Der Geizige*.
14,30 *der Selbstmörder Beverlei:* Hauptfigur des Lustspiels von Friedrich Ludwig Schröder (1744–1816) *Berverley oder der englische Spieler* (1776).
15,13 *sterbende Sara:* Lessings *Miss Sara Sampson*; Szene V,10.
15,33f. *verlassenen Ariadne:* Johann Christian Brandes' Melodrama *Ariadne auf Naxos* (1774).

15,35 *Hungerthurm Ugolinos:* Hauptcharakter in Heinrich Wilhelm von Gerstenbergs (1737–1823) gleichnamigem Drama (1768).
16,3 f. *Im Gewölbe des Towrs ...:* Anspielung auf die Beziehung Elisabeths I. von England zu ihrem Günstling Graf Essex, die Thomas Corneille in seinem Drama *Graf von Essex* (1768) behandelt und Lessing im 22. und 23. Stück seiner *Hamburgischen Dramaturgie* besprochen hatte.
16,6 *sophistische Weisheit:* Spitzfindigkeit.
16,15 *dörfen:* dürfen.
16,19 f. *Eduard Ruhberg:* Charakter in August Wilhelm Ifflands Schauspiel *Verbrecher aus Ehrsucht* (1784).
16,23 f. *Mariane:* Titelheldin des gleichnamigen bürgerlichen Trauerspiels (1776) von Friedrich Wilhelm Gotter.
17,29 *Nathan der Jude:* Anspielung auf Lessings *Nathan der Weise* (1779).
17,29 *Saladin der Sarazene:* Anspielung auf Saladin in Lessings *Nathan der Weise.*
17,32 *Joseph der Zweite:* Gemeint ist dessen Toleranzedikt von 1781, das erstmals den Juden Niederösterreichs (Wiens) Religionsfreiheit und einige Rechte garantierte.
17,33 *Hyder:* Hydra, neunköpfige Schlange aus der griechischen Mythologie, deren Köpfe doppelt nachwuchsen, wenn man einen abschlug.
18,16 *Philanthropinen und Gewächshäusern:* Schillers Kritik dieser reformpädagogischen Erziehungsanstalten richtet sich sowohl gegen Basedows »Philanthropin« in Dessau als auch gegen Karl Eugens »Militärpflanzschule« auf der Solitude, deren Name hier verballhornt wird.
18,17 *Kizel:* Reiz.
18,19 *Deukalion:* Gestalt der griechischen Mythologie, Sohn des Prometheus, der aus Steinen Menschen schuf.
18,28 *durch fremde Symbolen:* also indirekt durch Parabeln und Gleichnisse der Dramatiker, die das politische Geschehen erklären und verständlich machen.
19,16 *Nationalbühne:* Die damals aufkommende Idee eines Nationaltheaters (J.E. Schlegel, Sulzer und Lessing) wird hier aufgegriffen, indem Schiller Lessings Kritik »über den gutherzigen Einfall, den Deutschen ein Nationaltheater zu verschaffen, da wir Deutsche noch keine Nation sind« (*Hamburgische Dramaturgie*, 100.–104. Stück) umkehrt und aktualisiert.

20,5 *Bacchantische:* trunken, ausgelassen wie beim altrömischen Bacchusfest.
20,10 *Spleen:* ›Verschrobenheit oder Verrücktheit‹; Modewort der Zeit, das aus dem Englischen übernommen wurde.
20,11–21,4 *Die Schaubühne ist die Stiftung ...:* Dieses abschließende Lob der Schaubühne und ihrer harmoniestiftenden Wirkung deutet schon voraus auf Schillers spätere Aufsätze, besonders auf die *Briefe über die ästhetische Erziehung des Menschen* (1795).

Ueber den Grund des Vergnügens an tragischen Gegenständen

Während Schiller noch an der *Geschichte des Dreißigjährigen Krieges* arbeitete und seine Jenaer Geschichtsvorlesungen vorbereitete, begann er sich im Sommer 1790 mit der Theorie der Tragödie zu beschäftigen, über die er im Sommersemester 1790 ein einstündiges Kolleg »Theorie der tragischen Kunst« hielt. Diese Vorlesungsnotizen sollten die Grundlage für einen Aufsatz bilden, den er im 12. Heft der *Thalia* veröffentlichen wollte. Doch verhinderte Schillers lebensbedrohende Erkrankung in Frühjahr 1791 die Ausarbeitung dieses Aufsatzes. Während seiner Genesung beschäftigte er sich erstmals mit der Philosophie Kants, besonders mit dessen *Kritik der Urteilskraft*, die 1790 erschienen war. Damit vollzog sich Schillers Wende zu Kant, die für seine Ästhetik und Dramentheorie weitreichende Folgen hatte. Dementsprechend oszilliert der Aufsatz noch zwischen »eigenen Reminszenzen«, älteren Theorien der Spätaufklärung über die »vermischten Empfindungen« und Kants Lehre vom Erhabenen.

Der Aufsatz erschien im Januar 1792 in der von Schiller herausgegebenen *Neuen Thalia* (Bd. 1, 1. Stück). Für den Wiederabdruck in den *Kleineren prosaischen Schriften* (1802) überarbeitete er die Abhandlung und präzisierte die kantische Terminologie.

D: NA, Bd. 20: *Philosophische Schriften*, Tl. 1, hrsg. von Benno von Wiese, 1962, S. 133–147.

22,3 *einige neuere Aesthetiker:* Damit sind Theoretiker wie Johann Georg Sulzer (1720–1779) und Denis Diderot (1713–1784) gemeint, die – wie auch Schiller in seinem *Schaubühnen*-Aufsatz (1784) – den moralischen Zweck der Kunst betonten.

142   Kommentare und Erläuterungen

22,24 *ihre ernstern Schwestern:* Unter den neun Musen der »schönen Künste« ist eine jener ernsteren Schwestern die Geschichte (Klio), wie Schiller in Jena als Geschichtsprofessor selbst erfuhr.

23,5f. *Die wohlgemeinte Absicht [...] zu verfolgen:* Diese Polemik richtet sich gegen die Ästhetik und Dramaturgie der Aufklärung von Gottsched – mit Einschränkungen – bis Lessing, ja auch noch gegen Schillers eigene frühere Auffassung von 1784.

23,15 *des frivolen Zwecks zu ergötzen:* Absage an den »gemeinen Zweck« der Kunst, bloß dem Ergötzen, der Belustigung und der Unterhaltung zu dienen. Später heißt es ausdrücklich, dass »die sinnliche Lust die einzige« sei, »die vom Gebiet der schönen Kunst ausgeschlossen wird« (25,2 f.).

23,26f. *freyes Vergnügen:* Hier beginnt Schillers Dialektik von Moral und Kunst. Einerseits werden Moral und Ästhetik ganz im Sinne Kants voneinander getrennt, beide bewahren ihre Autonomie; anderseits wirkt die Kunst indirekt auf die Moral, indem sie im freien Zusammenspiel aller geistigen Kräfte auch die Moral fördert.

24,9 *Spiel:* Dieser Begriff, der später für Schillers Kunstauffassung zentral wurde, wird hier erstmals im Zusammenhang mit der ästhetischen Freiheit verwendet. Schiller stützt sich dabei auf Kants Konzept des Spiels, das in Schillers Exemplar der *Kritik der Urteilskraft* (§ 14) doppelt unterstrichen ist.

24,19 *Die Lust am Schönen, am Rührenden, am Erhabenen:* Damit sind die drei wichtigsten Kategorien genannt, denen Schiller sich nun in Anlehnung an Kant zuwendet.

24,31–34 *Frey aber nenne ich dasjenige Vergnügen ... erzeugt wird:* Schillers Definition der Freiheit des ästhetischen Vergnügens. Dabei ist der Gedanke, dass das Vergnügen nur dann frei sei, wenn *die Empfindung durch eine Vorstellung* ausgelöst wird, kantischer Provenienz; denn im Zustand der Empfindung ist der Mensch passiv, im Zustand der Vorstellung dagegen aktiv, selbsttätig, reflexiv.

24,32f. *affiziert:* angesprochen, berührt.

25,13f. *Die allgemeine Quelle [...] Zweckmäßigkeit:* Begriff der Aufklärungsästhetik, den auch Lessing im 79. Stück der *Hamburgischen Dramaturgie* verwendet: »Wir lieben die Zweckmäßigkeit so sehr, dass es uns, auch unabhängig von der Moralität des Zwecks, Vergnügen gewährt.« Kant benutzte diesen Begriff in dem Sinne, dass man sich der Zweckmäßigkeit bewusst werden müsse, was hier auch gemeint sein könnte.

25,20 *in der ganzen Maschine:* Die Vorstellung des menschlichen Körpers als einer Maschine ist eine Auffassung der aufklärerischen Anthropologie, die auf dem Dualismus von Körper und Seele beruht, wie ihn Schiller schon in seinen medizinischen Dissertationen verwendet hatte.

25,23 f. *weder klaren noch verworrenen Vorstellung:* Im traditionellen philosophischen Sprachgebrauch seit Leibniz waren »klare« Vorstellungen unabhängig von der Erfahrung, d. h., sie sind logisch einsichtig, während »verworrene« durch die Sinne und Empfindungen vermittelt werden. Schiller versteht diese Vorstellungen jedoch nicht mehr metaphysisch, sondern nur noch ästhetisch.

26,9 *Kunstklasse:* Diese Klassifikation in schöne und rührende Künste geht auf Kants Unterscheidung zwischen dem Schönen und Erhabenen zurück, die in Schillers späteren ästhetischen Aufsätzen eine zentrale Rolle spielt.

26,13 *Ansicht:* Gesichtspunkt.

26,35 *Epopee:* im 18. Jahrhundert Gattungsbezeichnung für das Epos.

27,17–31 *Das Gefühl des Erhabenen ... das niedrige schmerzet:* Diese Definition des Erhabenen paraphrasiert Kants Theorie des Erhabenen (*Kritik der Urteilskraft,* § 28).

27,32 *Rührung:* Den rührenden Gattungen räumt Schiller im Folgenden einen weiteren Spielraum als den erhabenen ein und verwertet zu ihrer Erklärung noch Mendelssohns Theorie der »vermischten Empfindungen« (Moses Mendelssohn, *Rhapsodie, oder Zusätze zu den Briefen über die Empfindungen,* 1761 bzw. 1771). Allerdings sollte man auch hier Kants Einfluss nicht unterschätzen.

28,25 f. *zu dem letzten Zweck aller Zwecke:* die Freiheit als moralische Bestimmung des Menschen.

28,27–35 *Das Leiden des Tugendhaften ... Zweckwidrigkeit enthalten:* Der folgende Absatz stützt sich auf Lessings *Hamburgischer Dramaturgie,* wo er im 79. Stück »von einem Gräßlichen« spricht, »das sich bei dem Unglücke ganz guter, ganz unschuldiger Personen finde«. Dennoch verteidigt Lessing im 79. Stück Shakespeares »eingefleischten Teufel« *Richard III.*

29,12 *problematisch:* nicht mit unbedingter Sicherheit beweisbar.

29,18 *Palladium:* Schutzbild, Bürge, Unterpfand.

29,31–35 *»daß das höchste Bewusstsein ... begleitet seyn«:* Das Zitat paraphrasiert sinngemäß Kants *Allgemeine Anmerkung zur*

Exposition der ästhetischen reflektierenden Urteile (*Kritik der Urteilskraft*, § 29).

30,16 *a priori:* Terminus der Transzendentalphilosophie Kants: das, was vor aller Erfahrung liegt, von ihr unabhängig, denknotwendig und allgemein ist.

30,20 *Species:* hier ›Gattung‹.

30,27 *Hüon und Amanda:* Figuren aus Wielands *Oberon*, XII. Gesang, Str. 56 f.

31,14 *Koriolan:* vgl. Shakespeare's *Coriolan*, Akt IV. und V.

31,36 *Pompejus:* Gnäus Pompeius Magnus (106–48 v. Chr.). Schiller stützt sich auf Plutarchs *Leben des Pompejus*, Kap. 50.

32,4–19 *Aber das Leiden eines Verbrechers ... Uebereinstimmung zu zeigen:* Diese ästhetische Rechtfertigung des »erhabenen Verbrechers«, die schon in der Vorrede der *Räuber* anklang, wurde in der letzten Fassung des Aufsatzes (1802) gemildert, indem Schiller »Leiden des Verbrechers« durch die Konjektur »Leben des Verbrechers« ersetzte. Schillers Faszination mit dem erhabenen Verbrecher wird in dem Aufsatz *Ueber das Pathetische* genauer erläutert, wenn er zwischen der moralischen und ästhetischen Beurteilung einer Handlung eine klare Trennungslinie zieht (vgl. hier S. 88,6–98,19).

33,36 *Antium oder Korioli:* Siedlung der Volsker, eines altitalischen Volksstamms, der 329 v. Chr. von den Römern unterworfen wurde.

34,7 *Commendant:* Kommandant, Befehlshaber.

34,18 *der Korinthier Timoleon:* Korinthischer Feldherr in Syrakus (um 410 v. Chr. – 337 v. Chr.), über den Schillers Philosophielehrer Jakob Friedrich Abel (1751–1829) 1782 im *Wirtembergischen Repertorium der Litteratur* unter dem Titel »Über die grausame Tugend« berichtet hatte. Der Konflikt zwischen den Brüdern ähnelt jenem zwischen Fiesco und Verrina in Schillers *Fiesco*.

36,2 *Maschinen:* Machenschaften, Intrigen.

36,29 *Indignation:* Unwillen, Entrüstung.

36,33 *Richard III:* Es kann sowohl Shakespeares als auch Christian Felix Weisses (1726–1804) Drama *Richard III.* (1759) gemeint sein, das Lessing im 73. Stück der *Hamburgischen Dramaturgie* kritisiert hatte.
Jago: Intrigant in Shakespeares *Othello*.

36,34 *Lovelace:* Verführer der Clarissa in Samuel Richardsons epochemachendem Roman *Clarissa Harlowe* (1748).

Ueber die tragische Kunst

Auch dieser Aufsatz stützt sich noch auf Notizen der Vorlesung »Theorie der tragischen Kunst« vom Sommer 1790 und bildet die direkte Fortsetzung des vorigen. Während der vorhergehende Aufsatz noch allgemeine Probleme der Ästhetik und der Wirkung des tragischen Vergnügens behandelt, konzentriert sich Schiller hier auf die Probleme der Tragödie, also auf die Mitleidstheorie und die Form der Tragödie. Dabei stützte er sich anfangs noch auf Mendelssohns *Briefe über die Empfindung* (2. Aufl., 1771), ferner auf Lessings *Hamburgische Dramaturgie* und Kants Theorie des Erhabenen. Allerdings eignet er sich diese Tradition in einer für den Künstler Schiller typischen Weise an, verwandelt und erweitert sie. Zwischen der ersten Konzeption des Aufsatzes und seiner endgültigen Fassung lag die schwere Erkrankung im Frühjahr 1791, sodass der Aufsatz erst im Dezember 1791 vollendet wurde.

Er wurde im März 1792 in der *Neuen Thalia* (Bd. 1, 2. Stück) veröffentlicht. Eine überarbeitete Fassung publizierte Schiller 1802 im vierten Band seiner *Kleineren prosaischen Schriften*.

D: NA, Bd. 20: *Philosophische Schriften*, Tl. 1, hrsg. von Benno von Wiese, 1962, S. 148–170.

39,27 *Lucrez:* Titus Lucretius, römischer Dichter (97–55 v. Chr.), hier Anspielung auf eine im 18. Jahrhundert oft zitierte Stelle des Lehrgedichts *De rerum natura* (*Von der Natur der Dinge*, II,1–4). Sie lautet in der Übersetzung von Karl August von Knebel: »Süß ist's, anderer Not bei tobendem Kampf der Winde / Auf hochwogigem Meer, vom fernen Ufer zu schauen; / Nicht als könnte man sich am Unfall andrer ergötzen, / Sondern dieweil man es sieht, von welcher Bedrängnis man frei ist.«
39,28 *unnatürliche Lust:* In der überarbeiteten Fassung von 1802 beurteilte Schiller diesen »Schiffbruch mit Zuschauer« (so Hans Blumenberg) ästhetisch positiv und änderte die Phrase in »*natürliche Lust*«.
41,13 *Hazardspiele:* Glücksspiele.
41,17 *im stärksten Grad der Verwechslung:* der Identifikation mit dem Leiden der Charaktere auf der Bühne.
41,36–42,1 *im Moralischen keine Wahl für uns statt findet:* Das Sittengesetz gebietet nach Kants Morallehre unbedingt und lässt daher keine Wahl.

42,1 f. *Gesetzgebung der Vernunft:* Gemeint ist hier die praktische Vernunft, das Sittengestz.

42,25 *Lebensphilosophie:* Damit ist in diesem Zusammenhang Kants Philosophie, vor allem seine Ethik gemeint.

45,27 f. *Nachahmung der Natur:* Schiller stützt sich hier noch auf die aristotelische Mimesislehre (*Poetik*, Kap. 1 und 6), die im Folgenden (44,33–46,2) auf die Tragödie angewandt wird.

47,14 *Lear:* Shakespeares *King Lear*, der seinen ältesten Töchtern sein Reich überantwortete und von diesen betrogen wurde.

47,17 *In dem Kronegkischen Trauerspiel, Olint und Sophronia:* Johann Friedrich von Cronegks (1731–1758) Tragödie *Olint und Sophronia*, die von Lessing im 1. Stück der *Hamburgischen Dramaturgie* kritisiert wurde.

47,30 *Bösewicht:* Diese Kritik an der Verwendung von Bösewichtern in der Tragödie findet sich schon im 82. und 83. Stück von Lessings *Hamburgischer Dramaturgie*.

47,32 f. *Kleopatra in der Rodogune:* Titelheldin in Pierre Corneilles Tragödie *Rodogune* (1647).

47,33 *Franz Moor:* in Schillers *Räubern*.

48,1 f. *durch den Zwang der Umstände:* Hier wird erstmals die für Schillers klassische Tragödien so charakteristische dramatische Struktur erwähnt, nach der sich die Tragik weniger aus einem Fehler des Charakters als aus den Umständen ergeben müsse, wie er später *Wallensteins* Tragik begründete (vgl. Brief an Goethe vom 28. November 1796).

48,17 f. *deutschen Iphigenia:* Goethes *Iphigenie auf Tauris*.

48,18 *Taurische König:* Thoas.

49,3 f. *auf Kosten der Neigung eine moralische Pflicht erfüllen:* Hier übernimmt Schiller Kants ethischen Rigorismus.

49,16 *Schicksal:* Diese Auffassung des Schicksals als fatalistische Notwendigkeit der »Griechischen Bühne«, die den handelnden Menschen der strafenden, göttlichen Gerechtigkeit (Nemesis) unterwirft, widersprach Schillers Verständnis vom frei handelnden Menschen. Diese Kritik wird weiter unten (50,11–17) historisierend relativiert; allerdings ersetzte Schiller in der Fassung von 1802 den Nebensatz (50,13 f.: »wo nicht gar [...] eine Ausnahme machen«) durch den klärenden Satz: »da der philosophische Genius des Zeitalters und die moderne Kultur überhaupt der Poesie nicht günstig sind, so wirkt sie weniger auf die tragische Kunst, welche mehr auf dem Sittlichen ruhet«.

49,30f. *telelogische Verknüpfung:* zweckmäßige Verknüpfung der Teile zu einem Ganzen.

52,26 *Täuschung:* Gemeint ist hier die theatralische Illusion.

54,12f. *der Richterspruch des ersten Brutus:* Der römische Konsul Brutus ließ 509 v. Chr. seine Söhne hinrichten, da sie an einer Verschwörung gegen den Staat beteiligt waren.

54,13 *der Selbstmord des Cato:* Marcus Portius Cato (95–46 v. Chr.), Volkstribun, der 46 v. Chr. Selbstmord beging, da er sich als überzeugter Republikaner nicht der Alleinherrschaft Caesars unterordnen wollte.

54,22 *Leonidas:* König von Sparta, fiel in der Schlacht bei den Thermopylen mit nur 300 Kriegern gegen die gewaltige Übermacht der Perser im Jahre 480 v. Chr.

54,22f. *Aristid:* athenischer Staatsmann (535–464 v. Chr.), der trotz großer Verdienste um den athenischen Staat aus seiner Vaterstadt verbannt wurde.

54,23 *Sokrates:* griechischer Philosoph (um 470–399 v. Chr.).

54,25 *Darius:* Perserkönig, der 333 v. Chr. bei Issos von Alexander besiegt wurde.

57,10f. *Gradation der Eindrücke:* Steigerung der Empfindungen, Affekte.

58,16–20 *Die Tragödie wäre demnach ... zu erregen:* Schillers Tragödiendefinition, die sich auf Aristoteles in der Umschreibung von Lessings *Hamburgischer Dramaturgie* (77. Stück) stützt; allerdings fehlen in Schillers Definition überraschenderweise Furcht und Katharsis.

58,27 *Epopee:* Epos.

59,33f. *die Neugier des Oedipus:* In Sophokles' gleichnamiger Tragödie erfragt sich der Held unbeirrbar die Wahrheit über seine Herkunft und damit seinen Untergang.

59,34 *Othello:* Shakespeares Othello.

61,4f. *im Gegensatz von der historischen die poetische Wahrheit:* Dieser Unterschied zwischen Geschichte und Tragödie, wonach die Tragödie philosophischer sei als die Geschichtsschreibung, ist seit Aristoteles (*Poetik*, Kap. 9) ein Topos der Dramentheorie, der von Lessing in der *Hamburgischen Dramaturgie* übernommen und mehrfach kommentiert wurde (vgl. dort 11., 19., 23. und 89. Stück).

61,26 *Tod Hermanns:* Klopstocks Arminius-Drama *Hermanns Tod* (1787).

61,26f. *eine Minona:* Gerstenbergs Drama *Minona oder Die Angelsachsen* (1785).
61,27 *Fust von Stromberg:* Vaterländisches Drama von Jakob Maier, *Fust von Stromberg, National-Schauspiel mit den Sitten und Gebräuchen des Jahrhunderts* (1782).
62,7 *reinen Intelligenzen:* Wesen, die der menschlichen Natur nicht unterworfen sind, etwa reine Geister und Heilige.
62,19 *Pathos:* griech. ›Leiden‹. Hier noch im Sinne von Aristoteles als eine zum Untergang führende, qualvolle Handlung verstanden, die Schauder erweckt (*Poetik*, Kap. 11).
62,27f. *den gemischten Karakteren:* Diese Forderung, die Lessing kommentierend übernahm (*Hamburgische Dramaturgie*, 82. Stück), stammt von Aristoteles (*Poetik*, Kap. 13).

Das Pathetischerhabene

Seit dem Wintersemester 1792/93 beschäftigte sich Schiller wieder intensiv mit Problemen der Ästhetik. Vorbereitet durch eine gründliche Lektüre von Kants *Kritik der Urteilskraft*, bot er im Wintersemester ein vier- bis fünfstündiges Kolleg über Ästhetik an, das er im Sommersemester 1793 als Privatissimum fortsetzte. Er diskutierte in seinem Briefwechsel mit Christian Gottfried Körner über ein objektives Prinzip des Schönen, das Kant geleugnet hatte (Dezember 1792 – Februar 1793). Unter dem Titel »Kallias oder über die Schönheit« wollte er seine Überlegungen veröffentlichen, wozu es jedoch nicht kam. Da ihm Beiträge für die *Neue Thalia* fehlten, schrieb er im Frühjahr 1793 zwei Abhandlungen: *Anmut und Würde* und *Vom Erhabenen*, die er im September 1793 im 3. und 4. Stück der *Neuen Thalia* veröffentlichte. Auch sollte man nicht übersehen, dass Schiller zu jener Zeit schon an den Augustenburger Briefen, der Vorstufe der Briefe *Über die ästhetische Erziehung des Menschen*, arbeitete. Man muss also Schillers ästhetische Erziehung zusammen mit seiner Theorie des Erhabenen lesen.

Die Abhandlung *Vom Erhabenen* ist, wie schon der Untertitel »Zur weitern Ausführung einiger Kantischen Ideen« nahelegt, ein Kommentar Schillers zur Ästhetik Kants. Als solcher ist er philosophisch interessant für Schillers Aneignung von Kants »Analytik des Erhabenen«, für unseren Zusammenhang, der Dramentheorie Schillers, jedoch noch zu allgemein. Erst mit Schillers Zusammenfassung der Ergebnisse unter dem Titel *Das Pathetischerhabene* beginnt der Übergang zu seiner Auffassung der Tragödie, deren Grundsätze in den beiden folgenden Aufsätzen ausführlich behandelt werden.

D: NA, Bd. 20: *Philosophische Schriften*, Tl. 1, hrsg. von Benno von Wiese, 1962, S. 192–195.

Ueber das Pathetische

Als Schiller seine Aufsätze 1801 sammelte und überarbeitete, strich er den ersten Teil der Abhandlung *Vom Erhabenen* und gab dem gekürzten Aufsatz den neuen Titel *Ueber das Pathetische*. Zwar ist die geraffte Fassung immer noch Kants Lehre vom Erhabenen verpflichtet, aber sie wird noch um eine Auseinandersetzung mit der Laokoon-Gruppe erweitert. Dies zeigt deutlich, dass sich Schiller hier vor allem mit Darstellungsproblemen beschäftigte, besonders jenen der Tragödie.

1801 publizierte Schiller den Aufsatz *Ueber das Pathetische* im zweiten Teil seiner *Kleineren prosaischen Schriften*.

D: NA, Bd. 20: *Philosophische Schriften*, Tl. 1, hrsg. von Benno von Wiese, 1962, S. 196–221.

69,5 *des Uebersinnlichen:* des moralischen Gesetzes und der darin gründenden Idee der Freiheit; ein Begriff, den Schiller von Kant übernahm.
69,7 *moralische Independenz von Naturgesetzen:* die Unabhängigkeit des menschlichen Geistes, die Autonomie des Menschen.
69,15 *Pathos:* kann hier noch im aristotelischen Sinne verstanden werden (*Poetik*, Kap. 11), doch deutet sich schon Schillers eigentümliche Dialektik von Leiden und Erhabenheit an, die er »das Pathetische« oder besser noch das »Pathetischerhabene« nennt (s. im vorliegenden Band, S. 65–68).
70,8f. *Trauerspiel der ehemaligen Franzosen:* Die folgende Kritik der klassizistischen, französischen Tragödie, besonders jener von Pierre Corneille und Voltaire, findet sich schon in Lessings *Hamburgischer Dramaturgie*.
70,16 *Dezenz:* Anstand, Schicklichkeit, höfisches Dekorum.
70,18 *fodert:* fordert.

70,25 *Voltaire:* französischer Schriftsteller und Philosoph (1694–1778).

71,3 *Laokoon:* mythologischer Charakter aus Homers *Ilias*, trojanischer Priester des Apoll, der mit seinen Söhnen von zwei Schlangen, die der Meeresgott Poseidon schickte, erwürgt wurde. Eine im Hellenismus (1. Jh. n. Chr.) entstandene Marmorgruppe, die nach ihrer Wiederentdeckung 1506 großen Einfluss auf die bildende Kunst und Kunsttheorie hatte, besonders im 18. Jahrhundert (Winckelmann, Lessing). Vgl. dazu auch Schillers Kommentar (80,3–81,32).
Niobe: in der griechischen Mythologie Tochter des Tantalos und Gemahlin des thebanischen Königs Amphion, die sich vor den Göttern ihrer zahlreichen Kinder rühmte. Die Götter straften sie, indem sie all ihre Kinder töteten und Niobe in einen Tränen vergießenden Stein verwandelten.
Philoktet: Titelheld in Sophokles' Tragödie *Philoktet*, der trotz fürchterlicher Leiden seine Würde bewahrt.

71,20 *Konvenienz:* Schicklichkeit, Sitten.

71,34 *der wüthende Herkules:* In Sophokles' Tragödie *Die Trachinierinnen* werden die Qualen des vergifteten Herkules ausführlich geschildert.

71,36 *Iphigenia:* Anspielung auf *Iphigenia auf Aulis* des Euripides.

72,7 *Der verwundete Mars:* in Homers *Ilias*, V,859.

72,8f. *die von einer Lanze geritzte Venus:* in Homers *Ilias*, V,343. All diese Beispiele eines außergewöhnlichen Leidens finden sich schon im Eingangskapitel von Lessings *Laokoon*.

72,9f. *verschwört:* schwört allen Gefechten ab.

73,3 *erschlaffende (schmelzende) Affekte:* Hier und im folgenden Abschnitt paraphrasiert Schiller Kant (*Kritik der Urteilskraft*, §29: Allgemeine Anmerkung der ästhetischen reflektierenden Urteile), um eine bloß rührende Wirkung der Kunst zu kritisieren. Er meint damit, ohne Namen zu nennen, zeitgenössische »Familiengemählde« und bürgerliche Trauerspiele, die »bloß Ausleerung des Thränensacks« bewirken (73,14f.).

74,17f. *diejenigen Künstler und Dichter:* Gemeint sind wohl einige Dramatiker der Sturm-und-Drang-Periode, bei denen Pathosszenen zum Selbstzweck wurden, wie etwa in Heinrich Wilhelm von Gerstenbergs (1737–1794) *Ugolino* (1768).

76,20–27 *Nun sind aber Ideen ... des Uebersinnlichen:* Dass Ideen im Grunde nicht darstellbar sind, ist ein Gedanke, den Kant in der »Analytik des Erhabenen« fast apodiktisch formuliert hatte:

»Buchstäblich genommen, und logisch betrachtet, können Ideen nicht dargestellt werden.« (*Kritik der Urteilskraft*, § 29) Doch verwies er schon dort auf eine Möglichkeit, wie diese indirekt darstellbar sein; und am Ende seiner *Kritik der Urteilskraft* deutet er eine symbolische Lösung dieses Darstellungsproblems an. (ebd., § 59)

77,21 *disponiren:* verfügen.

80,8 *Winkelmann:* Johann Joachim Winckelmann (1717–1768), *Geschichte der Kunst des Altertums*, Wien 1776.

80,34 *Nüßen:* Nüstern, Nasenflügeln.

81,20 *Virgil:* römischer Dichter (70–19 v. Chr.); Verfasser der *Aeneis* (29 v. Chr.).

82,13 f. *Lessings vortrefflichem Kommentar:* Lessings *Laokoon oder über die Grenzen der Malerei und Poesie* (1766). Hier ist der 5. Abschnitt gemeint.

82,21–29 *Ecce autem ... vibrantibus ora:* Alle folgenden Verse stammen aus Vergils *Aeneis*, die Schiller 1791 übersetzte. Hier: »Da kam, (mir bebt die Zung' es auszudrücken) / von Tenedos ein gräßlich Schlangenpaar, / den Schweif gerollt in fürchterlichem Bogen / dahergeschwommen auf den stillen Wogen. // Die Brüste steigen aus dem Wellenbade, / Hoch aus dem Wassern steigt der Kämme Glut, / Und nachgeschleift in ungeheurem Rade / Netzt sich der lange Rücken in der Flut, / Lautrauschend schäumt es unter ihrem Pfade, / In blutgen Augen flammt des Hungers Wut, / Gewetzt am Rachen zischen ihre Zungen, / So kommen sie ans Land gesprungen.« (*Aeneis*, II,203–217)

83,20 *kontemplativerhaben:* In dem Aufsatz *Vom Erhabenen* definiert Schiller in dem Abschnitt »Das Kontemplativerhabene der Macht« den Begriff folgendermaßen: »Gegenstände, welche uns weiter nichts als eine Macht der Natur zeigen, die der unsrigen weit überlegen ist, im übrigen aber es uns selbst anheimstellen, ob wir eine Anwendung davon auf unsern physischen Zustand oder auf unsre moralische Person machen wollen, sind bloß kontemplativerhaben«. Kontemplativerhaben sind diese Gegenstände, »weil sie das Gemüth nicht so gewaltsam ergreifen, daß es nicht in einem Zustand der ruhigen Betrachtung dabey verharren könnte« (NA 20,186,28–187,3).

83,21 f. *Diffugimus ... petunt:* »Der bloße Anblick bleicht schon alle Wangen, / Und auseinander flieht die furchtentseelte Schar, / Der pfeilgerade Schuß der Schlangen / Erwählt sich nur den Priester am Altar.« (*Aeneis* II,212–213)

84,32f. *eine bloß komparative und prekäre Schutzwehre:* eine vergleichsweise und ungewisse/unsichere Schutzwehr.
85,8–10 *Laocoonta ... artus:* »Der Knaben zitternd Paar sieht man sie schnell umwinden, / Den ersten Hunger stillt der Söhne Blut / Der Unglückseligen Gebeine schwinden / Dahin von ihres Bisses Wut.« *(Aeneis* II,213–215)
85,16f. *Post ipsum ... corripiunt:* »Zum Beistand schwingt der Vater sein Geschoß, / Doch in dem Augenblick ergreifen / Die Ungeheuer ihn selbst. *(Aeneis* II,216f.)
86,8–18 *Bey allem Pathos ... Geist durchscheinen:* Dieser Einschnitt geht noch zurück auf den ursprünglichen Abdruck *Vom Erhabenen* im dritten Teil der *Neuen Thalia,* der im vierten fortgesetzt wurde. Die Fortsetzung behandelt vor allem die Abgrenzung der Ästhetik von der Ethik.
86,26f. *das Erhabene der Fassung:* Diese zeigt »jeder vom Schicksal unabhängige Charakter« (87,10f.), der sich im Leiden bewährt; passiv leidender Held, Stoiker.
86,27f. *das Erhabene der Handlung:* frei handelnder Held, der sich im Leiden bewährt, indem er das tut, was die Pflicht fordert, oder aus Verantwortung dafür büßt, dass er sie übertreten hat. Diese beiden Formen des Erhabenen entsprechen dem »dynamisch Erhabenen« Kants.
86,30 *sagt Seneka:* in *De divina providentia* II,9.
86,32 *Unglück bey Kannä:* Der römische Senat beschloss nach der Niederlage von Cannae (216 v. Chr.), den aussichtslos scheinenden Krieg gegen Karthago fortzuführen.
86,33 *Miltons Lucifer:* in John Miltons (1608–1674) *Das verlorene Paradies,* 1. Gesang, V. 250–259.
87,8 *Medea:* Gemeint ist nicht die antike Medea sondern Pierre Corneilles *Medea.* Dort heißt es übersetzt (I,5):

NERINA: Dem Volke bist du verhaßt, dein Gatte meidet dich,
In solchem Leid, was bleibt dir treu noch?
MEDEA: Ich!

87,10–12 *Coexistenz ... Succession:* von Lessing im *Laokoon* (Kap. 16) eingeführte Terminologie, um Malerei (bildende Kunst) und Dichtkunst voneinander zu unterscheiden. Die bildende Kunst stellt Körper in einem »prägnannten Moment« dar, in dem Raum und Zeit zugleich gebannt sind. Dieses Zugleich nennt Lessing die »koexistierende Komposition«. Die Dichtkunst steht dagegen unter dem Gesetz der Sukzession, d.h. der beschreibenden

Nachahmung fortschreitender Handlungen in der Zeit. Allerdings wird Lessing Paradigma von Schiller in der Weise abgewandelt, dass er nach der Darstellung des Erhabenen (der Fassung und der Handlung) in der bildenden Kunst und Poesie fragt, also einen für ihn spezifischen Aspekt untersucht.

87,32 *Regulus:* Marcus Attilus Regulus, römischer Feldherr, der (um 250 v. Chr.) auf sein Ehrenwort aus der karthagischen Gefangenschaft entlassen wurde, um Friedensverhandlungen einzuleiten. In Rom warnte er jedoch vor einem Friedensschluss. Als er nach Karthago zurückkehrte, wurde er dort hingerichtet.

88,35 f. *Leonidas bei Thermopylä:* vgl. Anm. zu 45,22.

89,22 *Necessität:* Notwendigkeit.

91,21 f. *Selbstverbrennung des Peregrinus Protheus zu Olympia:* griechischer Zyniker und Schwärmer, der sich 168 n. Chr. bei den olympischen Spielen freiwillig verbrannte, um Aufsehen zu erregen. Wieland hatte ihm 1791 eine positive Würdigung zuteil werden lassen (*Geheime Geschichte des Philosophen Peregrinus Protheus*), auf die Schiller in seiner Xenie *Peregrinus Protheus* antwortete: »Siehst du Wieland, so sag ihm: Ich lasse mich schönstens bedanken, / Aber er tat mir zuviel Ehr' an, ich war doch ein Lump.«

92,9 *pathologisch-afficierbaren:* krankhaft reizbar.

94,32–95,2 *denn es ist die p o e t i s c h e, nicht die historische Wahrheit ... Möglichkeit liegen:* Die für Schillers historische Dramen so wichtige Unterscheidung zwischen historischer und poetischer Wahrheit wird hier aus ästhetischer Perspektive schärfer bestimmt als in seinen früheren Schriften (vgl. Anm. zu 61,4).

95,12 *Nationalgegenstände:* Diese hatten noch Johann Jakob Bodmer (1698–1783) und Johann Georg Sulzer (s. Anm. zu 96,17) den Dichtern empfohlen. Schiller lehnt diese Einschränkung der dichterischen Einbildungskraft ab.

95,25 *Privatinteresse:* ein bloß subjektives, stoffliches Interesse an der Kunst, sei es in historischer, patriotischer oder moralischer Absicht.

96,2 *Sulzer:* Johann Georg Sulzer (1720–1779); sein philosophisches Hauptwerk trägt den Titel *Allgemeine Theorie der Schönen Künste* (2 Bde., 1771–74).

97,7 *gattet:* paart.

Ueber das Erhabene

Die Entstehungszeit dieses Essays ist umstritten, da es weder briefliche noch sonstige Hinweise darauf gibt. Schiller überraschte die Zeitgenossen, als er ihn 1801 im dritten Teil seiner *Kleineren prosaischen Schriften* aufnahm. Auf Grund des Erscheinungsdatums und der reifen Schönheit des Stils plädierten einige Forscher für ein spätes Entstehungsdatum, möglicherweise um 1800. Doch scheint das nicht haltbar. Thematisch gehört die Abhandlung in den Umkreis der Aufsätze *Vom Erhabenen* und *Über das Pathetische*, also in die Periode von Schillers Auseinandersetzung mit kantischen Ideen; ja man kann diesen Essay als Darstellung seiner abschließenden Gedanken zu diesem Thema betrachten. Bezeichnenderweise publizierte er diesen Aufsatz zusammen mit den Abhandlungen *Über die ästhetische Erziehung des Menschen* und *Ueber das Pathetische* zusammen in einem Band und wollte auf diese Weise wohl auf den thematischen Zusammenhang dieser Schriften hinweisen. Schon in einem Brief an den Augustenburger Prinzen hieß es, »daß es das Erhabene sei, was die Nachteile der schönen Erziehung verbessert, dem verfeinerten Kunstmenschen Federkraft erteilt« (11. November 1793). Auf diese komplementäre Beziehung zwischen der »schmelzenden« und »energischen« Schönheit geht Schiller im 16. Brief von *Über die ästhetische Erziehung des Menschen* ein, ohne die »energische Schönheit« genauer zu erklären. Diesen Aspekt der Ästhetik behandelt der Aufsatz *Ueber das Erhabene*. Wäre dieser schon vor 1796 fertiggestellt worden, so hätte ihn Schiller sicher in die *Horen* aufgenommen, für die er immer um Beiträge verlegen war. Es lässt sich also vermuten, dass der Essay um 1796 entstanden ist, als alle großen Abhandlungen Schillers abgeschlossen waren und er »für eine Weile die philosophische Bude« schließen wollte, wie es in einem Brief an Goethe hieß (17. Dezember 1795).

D: NA, Bd. 21: *Philosophische Schriften*, Tl. 2, hrsg. von Benno von Wiese, 1963, S. 38–54.

99,2 *sagt der Jude Nathan:* Lessings *Nathan der Weise* I,3.
99,3 *Derwisch:* Angehöriger der muslimisch asketischen Ordensgemeinschaft; hier: Figur in Lessings *Nathan der Weise*.
99,5 *Geschlechtscharakter:* Merkmal, Eigentümlichkeit.
99,7 *Prärogativ:* Vorrecht.
99,12 *Menschheit:* Menschlichkeit, menschliche Würde.

Ueber das Erhabene 155

99,17 *abzutreiben:* abzuwehren.
100,10–13 *realistisch ... idealistisch:* Dieses Begriffspaar, auf das Schiller später zurückkommt (101,27), wird am Ende der Abhandlung *Über naive und sentimentalische Dichtung* (NA 20,491–503) ausführlich erläutert, was nochmals ein Hinweis darauf ist, dass dieser Essay wohl nach 1795 entstand.
101,5f. *die dynamische Natur:* die auf den Menschen einwirkende Natur.
101,34f. *Inconsequenz:* Widersprüchlichkeit, Wankelmütigkeit.
102,1 *freyes Wohlgefallen:* Kants »interesseloses Wohlgefallen«, das frei von sinnlichen Interessen oder moralischen Zwecken ist.
102,20f. *rigoristischer Strenge:* übertriebener Strenge.
103,4 *Genien:* Schutzgeister, Führer. Der folgende Absatz paraphrasiert Schillers Epigramm *Die Führer des Lebens*, das in der ersten Fassung der *Horen* noch den Titel *Schön und Erhaben* trug (NA 1,272).
103,28 *Das Gefühl des Erhabenen ist ein gemischtes Gefühl:* Es beruht auf dem »Widerspruch« von Unlust und Lust, es ist bedrohlich und faszinierend zugleich.
104,14–16 *Fassungskraft ... Lebenskraft:* Schillers Umschreibung der kantischen Terminologie des »Mathematisch-Erhabenen« und des »Dynamisch-Erhabenen«, die Schiller in der Schrift *Vom Erhabenen* noch das »Theoretischerhabene« und »Praktischerhabene« nannte (NA 20,172,17–30).
104,33 *Imagination:* Einbildungskraft.
104,36 *das absolut Große in uns selbst:* der freie Wille des Menschen.
107,33 *Revelation:* Erkenntnis, Offenbarung.
107,36–108,1 *Calypso ... Ulysses:* Diese Episode aus Homers *Odyssee* diente François de Salignac de la Mothe-Fénelon (1651–1715) als Stoff für den Roman *Les aventures de Télémaque, fils d'Ulysse* (1699).
108,6 *Mentors Gestalt:* Gestalt des Erziehers, dem Odysseus vor dem Aufbruch nach Troja den Schutz seiner Familie anvertraut hatte.
109,3f. *dämonische Freyheit:* das Göttliche im Menschen, hier: das übersinnliche Vermögen des Menschen.
110,16 *Katarakten:* Wasserfälle.
110,17 *Ossians:* angeblich ein altgälischer Barde aus dem 3. Jahrhundert, dessen Balladen James Macpherson (1736–1793) herausgegeben hatte (*Fragments of Ancient Poetry, collected in the*

Highlands, 1760–63, dt. 1768/69). Sie galten als echte »Volkspoesie«, die Herder in seine Volksliedersammlung aufnahm und Goethe im *Werther* anführte. Schiller hielt diese Literaturfälschung noch für echt.

110,20 *Bataviens Triften:* Hollands Weiden; lateinischer Name für den germanischen Stamm der Bataver. Von 1795 bis 1806 hießen die Niederlande »Batavische Republik«.

110,33–111,21 *Wer freylich die große Haushaltung der Natur ... dargestellt findet:* Dieser Geschichtspessimismus steht in krassem Gegensatz zu Schillers teleologischer Geschichtsauffassung, wie er sie in seiner Antrittsrede in Jena 1789 vertreten hatte. Das könnte ein Zeichen der Resignation sein, die Geschichte mit Hilfe der Philosophie sinnvoll zu deuten. Allerdings geht es hier weniger um Schillers Geschichtsphilosophie als um die »Weltgeschichte als ein erhabenes Object« (112,14), also um die ästhetische Ausbildung der Widerstandskraft im Menschen angesichts der Zufälle der Geschichte.

111,23 *Independenz:* Unabhängigkeit.

112,23 *Kato:* zu Marcus Portius Cato s. Anm. 45,13.

Aristides: s. Anm. zu 54,22 f.

Phocion: athenischer Feldherr (um 402–318 v. Chr.), der wegen seines unbestechlichen Gerechtigkeitssinns berühmt wurde. Dennoch wurde er 318 zum Tode verurteilt.

112,32 *regulativen Grundsätzen:* richtungweisenden, hypothetischen Prinzipien wie etwa die teleologische Interpretation der Natur und Geschichte.

112,36 *darauf resignirt:* darauf verzichtet.

113,28 *wornach:* wonach, nachdem.

114,5 *Aussenwerke:* Festung mit ihren Wällen als Metapher für die Bedrohungen der menschlichen Existenz, gegen die sie sich zu schützen sucht.

114,12 f. *sich moralisch zu entleiben:* Hier ist nicht die Selbsttötung gemeint, sondern die Entsagung von allen sinnlichen Interessen, Trieben.

114,18 *künstliches Unglück:* ein nur vorgestelltes, bloß eingebildetes Unglück, wie das Theatererlebnis es bietet, das den Zuschauer vorbereitet findet.

114,36 *Inokulation:* Einimpfung, Schutzimpfung, durch die das »künstliche Unglück« uns auf das wirkliche vorbereiten und möglicherweise vor diesem wappnen soll.

115,26 *Mithridat:* Mithridat VI. (um 132–63 v. Chr.), König von

Pontus in Kleinasien, der sich lange Zeit erfolgreich gegen die Ausbreitung des Römischen Reiches zur Wehr setzte und am Ende doch unterlag.

115,27 *Syrakus:* Die griechische Kolonie Syrakus wurde 212 von den Römern erobert.
Karthago: Im dritten Punischen Krieg eroberten die Römer 146 n. Chr. Karthago und machten die Stadt dem Erdboden gleich.

116,7 *ästhetische Erziehung:* Hier und im abschließenden Teil des Essays betont Schiller nochmals die komplementäre Beziehung zwischen dem Schönen und dem Erhabenen, die er im 16. Brief der *Ästhetischen Erziehung des Menschen* nur angedeutet hatte: Die Erziehung zum Schönen muss durch die Pädagogik des Erhabenen ergänzt werden, um die ästhetische Erziehung zu vollenden.

116,14 f. *Geisterberuf:* Vernünftigkeit, Vernunftbestimmung des Menschen.

117,20 *Schein:* Gemeint ist hier der »aufrichtige« und »selbständige« Schein der Kunst, wie Schiller ihn im 26. Brief von *Über die ästhetische Erziehung des Menschen* als »ästhetischen Schein« (im Unterschied zum »logischen Schein«) erläutert hatte (NA 20,398–404).

Ueber epische und dramatische Dichtung

Im April 1797, als Schiller am *Wallenstein* und Goethe an *Hermann und Dorothea* arbeitete, kam es zwischen ihnen zu einem regen Gedankenaustausch über die Unterschiede zwischen der epischen und der dramatischen Gattung. Die Ergebnisse dieser Diskussion fasste Goethe in einem kleinen Aufsatz zusammen und schickte diesen am 21. Dezember 1797 an Schiller. Zum genaueren Verständnis dieser Skizze muss der Briefwechsel zwischen Schiller und Goethe von April bis Ende Dezember 1797 herangezogen werden. Aus Schillers Antwortbrief vom 26. Dezember 1797 sei hier zur Ergänzung noch folgender Abschnitt zitiert: »Ich möchte noch ein weiteres Hilfsmittel zur Anschaulichmachung dieses Unterschieds in Vorschlag bringen. Die dramatische Handlung bewegt sich vor mir, um die epische bewege ich mich selbst, und sie scheint gleichsam stillzustehen. Nach meinem Bedünken liegt viel in diesem Unterschied. Bewegt sich die Begebenheit vor mir, so bin ich streng an die sinnliche Gegenwart gefesselt, meine Phantasie verliert alle Freiheit, es entsteht und erhält sich eine fortwährende Unruhe in mir, ich muß immer beim Objekte bleiben, alles Zurücksehen, alles Nachdenken ist mir versagt, weil ich einer fremden Gewalt folge. Bewege ich mich um die Begebenheit, die mir nicht entlaufen kann, so kann ich einen ungleichen Schritt halten, ich kann nach meinem subjektiven Bedürfnis mich länger oder kürzer verweilen, kann Rückschritte machen oder Vorgriffe tun usf. Es stimmt dies auch sehr gut mit dem Begriff des Vergangenseins, welches als stillestehend gedacht werden kann, und mit dem Begriff des Erzählens; denn der Erzähler weiß schon am Anfang und in der Mitte das Ende, und ihm ist folglich jeder Moment der Handlung gleichgeltend, und so behält er durchaus eine ruhige Freiheit.«

Der Aufsatz wurde von Goethe 1827 unter dem Titel *Ueber epische und dramatische Dichtung* (von Goethe und Schiller) im 6. Band von Goethes *Über Kunst und Altertum* erstmals veröffentlicht.

D: NA, Bd. 21: *Philosophische Schriften*, Tl. 2, hrsg. von Benno von Wiese, 1963, S. 57–59.

118,14 *Rhapsoden:* Sänger, der im griechischen Altertum die (homerischen) Epen vortrug. Auf diese Tatsache hatte der klassische Philologe Friedrich August Wolf in seinen *Prolegomena ad Homerum* (1795) aufmerksam gemacht.
118,14f. *Mimen:* Schauspieler.
119,12 *Retardirende:* bremsende.
119,19 *anticipiren:* vorwegnehmen.
119,28 *Local:* Ort.
120,14 *egal:* gleichmäßig.
120,24 *Musen:* Göttinnen der Dichtkunst.

Ueber den Gebrauch des Chors in der Tragödie

Diese Vorrede zur *Braut von Messina* entstand nach der erfolgreichen Uraufführung der antikisierenden Tragödie in Weimar am 18. März 1803. Erst Ende Mai 1803 schrieb Schiller diese Rechtfertigung des antiken Chores in einem modernen Drama, die zugleich ein Zeugnis seiner klassischen Ästhetik darstellt, denn sie verwendet das Instrumentarium seiner Abhandlungen *Über die ästhetische Erziehung des Menschen* und *Über naive und sentimentalische Dichtung,* um die idealisierende Funktion des Chores neu zu bestimmen (zur Entstehungsgeschichte der Vorrede und Tragödie s. die umfangreiche Dokumentation in NA 10,301–313).

Veröffentlicht wurde die Vorrede zusammen mit der *Braut von Messina* bei Cotta 1803.

D: NA, Bd. 10: *Die Braut von Messina. Wilhelm Tell. Die Huldigung der Künste,* hrsg. von Siegfried Seidel, 1980, S. 7–15.

122, 12f. *Oeconomie des Trauerspiels:* Dazu gehören für Schiller sowohl die dramatische Organisation des Stoffes als auch die Steigerung bzw. »Gradation der Eindrücke« (57,10f.), die erst die höchste Wirkung der Tragödie garantieren.

123,3 *hat gut:* tut gut daran.

123,10 *Erhohlung:* Zu Schillers komplexem und anspruchsvollem Verständnis der Erholung durch Kunst s. seine Abhandlung *Über naive und sentimentalische Dichtung* (NA 10,486–491).

123,18f. *Freiheit des Gemühts ... seiner Kräfte:* zentraler Aspekt der Ästhetik und Dramaturgie Schillers, der besagt, dass der Zuschauer im Kunsterlebnis von äußeren Bestimmungen und der Überwältigung durch Affekte frei sein muss, um aus beobachtender Distanz sein intelligibles Vermögen und die Totalität seiner Existenz zu erfahren. Dies ist der »ästhetische Zustand«, wie ihn Schiller im 24. Brief *Über die ästhetische Erziehung des Menschen* beschrieben hatte.

123,22 *an dem Möglichen ergötzen:* Für Schiller ist die Kunst nicht Nachahmung der Wirklichkeit, sondern lediglich Nachahmung vorgestellter Möglichkeiten von Handlungen. Das sichert ihr die Freiheit von allen Forderungen der Moral, der Religion und des Staates.

124,4f. *Schein der Wahrheit:* In der *Ästhetischen Erziehung des Menschen* heißt es dazu: »Die Wahrheit lebt in der Täuschung fort«; gemeint ist mit dieser paradoxen Formulierung, dass wir im »aufrichtigen« und »selbständigen« Schein der Kunst mehr erwarten als nur theatralische Illusion und Wahrscheinlichkeit, nämlich Wahrheit im Schein der Kunst (NA 20,334,10f. und 20,402,6–9).

124,26 *schielend:* zweideutig, fehlerhaft.

125,11 f. *bizarre Combinationen:* seltsame, wunderliche Produkte der Phantasie.
126,19 f. *eine Einheit des Orts und der Zeit:* Von den drei Einheiten des Dramas (Handlung, Ort, Zeit) kann sich nur die erste auf Aristoteles' *Poetik* berufen, während die beiden anderen von der klassizistischen Dramaturgie der Franzosen gefordert und von Johann Christoph Gottsched (1700–1766) in seine *Critische Dichtkunst* (1730) übernommen wurden. In seiner Kritik der französischen Dramentheorie schließt sich Schiller der *Hamburgischen Dramaturgie* Lessings an.
126,26 *lyrische Versuche:* Gemeint sind wohl Lessings *Nathan der Weise*, Goethes *Iphigenie auf Tauris* und Schillers eigene Dramen seit dem *Don Carlos*.
126,35 *Naturalism in der Kunst:* Hier nicht in der heutigen Bedeutung zu verstehen, sondern als Polemik gegen die Forderung nach Nachahmung der alltäglichen Wirklichkeit im Drama.
128,28 *durchflicht:* durchflechtet.
128,34 *Stoff:* Von den zahlreichen Äußerungen Schillers zu diesem Kunstprinzip ist wohl der 22. Brief der *Ästhetischen Erziehung des Menschen* die bekannteste; dort heißt es: »Darinn also beruht das eigentliche Kunstgeheimnis des Meisters, dass er den Stoff durch die Form vertilgt.« (NA 20,382,7–9)
128,36–129,1 *Karnation des Lebendigen:* Fachbegriff aus der Malerei: Fleischton der Farbe.
129,14 *Indifferenzpunkt:* Punkt der Unbestimmtheit, des Gleichgewichts.
130,10 *Drapperie:* Schmuck, Behang, Faltenwurf.
130,22 *Kothurn:* stelzenhafter Bühnenschuh der Schauspieler in der antiken Tragödie; hier im übertragenen Sinne für den erhabenen Stil.
130,34 f. *in der heftigsten Passion:* im heftigsten Leid.
131,22 f. *seine Dazwischenkunft:* sein Dazwischentreten.
131,33 *der Chor als eine einzige ideale Person:* In der modernen Tragödie ist der Chor ein »Kunstorgan«, das nicht in Einzelstimmen aufgelöst werden kann, sondern mit einer Stimme spricht und handelt.
132,10 *Aeschylus:* griechischer Dramatiker (525–456 v. Chr.).
132,11 *Sophokles:* griechischer Dramatiker (497–405 v. Chr.).
132,13 *Eine andere Freiheit:* Dass Schiller die Vermischung der Religionen hier ästhetisch rechtfertigt, mag eine Vorsichtsmaßnahme sein, damit man ihm nicht erneut sein Kunstheidentum

vorwerfen konnte wie 1788, als man sein Gedicht *Die Götter Griechenlands* als Angriff auf den christlichen Gott missdeutete.
132,16 *maurischen:* also an den Islam.

Tragödie und Comödie

Diese Notiz aus dem Nachlass ist schwer zu datieren. Sie gehört wahrscheinlich noch in den Umkreis von Schillers Kolleg »Theorie der tragischen Kunst«, das er im Sommer 1790 in Jena hielt.

D: NA, Bd. 21: *Philosophische Schriften*, Tl. 2, hrsg. von Benno von Wiese, 1963, S. 91–93.

133,3 f. *moralische Indifferenz [der Komödie]:* Die Komödie hat keine moralischen Absichten: »Unser Zustand in der Comödie ist ruhig, klar, frei, heiter, wir fühlen uns weder thätig noch leidend.« (134,9 f.)
133,4 *Autonomie [der Tragödie]:* Die Tragödie verfolgt weder politische noch religiöse oder moralische Absichten, sie ist frei von allen äußeren Einflüssen.
133,13 *affiziert:* reizt, beeinflusst, verändert.
133,14 *Lear:* vgl. Anm. zu 12,24.
133,24 *Moliere ... Tartuffe:* Jean-Baptiste Poquelin, Künstlername Molière (1622–1673), franz. Theaterdirektor, Dichter des *Tartuffe* (1664/69).
133,28 f. *Indignation:* Unwille, Entrüstung.
134,26 *Prometheus:* Gemeint ist *Der gefesselte Prometheus* des Aischylos.

Literaturhinweise

Friedrich Schiller: Werke. Nationalausgabe. Begr. von Julius Petersen, fortgef. von Lieselotte Blumenthal und Benno von Wiese. Hrsg. im Auftrag der Stiftung Weimarer Klassik und des Schiller Nationalmuseums Marbach von Norbert Oellers. Weimar: Böhlau, 1943 ff. [Zit. als: NA.]

Alt, Peter-André: Schiller. Leben – Werk – Zeit. 2 Bde. München 2000. Bd. 1. S. 372–383. Bd. 2. S. 85–99.
– Agon und Autonomie. Zu den Tragödientheorien Goethes und Schillers. In: Goethe-Jahrbuch 122 (2005) S. 117–136.
Assmann, Jan: Über das Erhabene. Schiller im Lichte von Kant und Mozart. In: Jahrbuch der Deutschen Schillergesellschaft 51 (2007) S. 166–182.
Bär, Jochen A.: Pathos. Historisches Wörterbuch der Rhetorik. Hrsg. von Gert Ueding. Tübingen 2003. Bd. 6. Sp. 689–717.
Barnouw, Jeffrey: The Morality of the Sublime. In: Studies in Romanticism 19 (1980) S. 497–514.
Beißner, Friedrich: Schillers dichterische Gestalt. In: Schiller-Reden im Gedenkjahr 1955. Stuttgart 1955. S. 138–161.
Berghahn, Klaus L.: *Das Pathetischerhabene*. Schillers Dramentheorie (1971). In: Deutsche Dramentheorie. Bd. 1: Beiträge zur historischen Poetik des Dramas in Deutschland. Hrsg. von Reinhold Grimm. 3., verb. Aufl. Wiesbaden 1980. S. 197–221.
– Zum Drama Schillers. In: Handbuch des deutschen Dramas. Hrsg. von Walter Hinck. Düsseldorf 1980. S. 157–173.
– / Reinhold Grimm (Hrsg.): Schiller. Zur Theorie und Praxis der Dramen. Darmstadt 1972.
Bloch, Ernst: Weimar als Schillers Abbiegung und Höhe (1955). In: E. B.: Literarische Aufsätze. Frankfurt a. M. 1965. S. 96–117.
Blumenberg, Hans: Schiffbruch mit Zuschauer. Paradigma einer Daseinsmetapher. Frankfurt a. M. 1979.
Böckmann, Paul: Formgeschichte der deutschen Dichtung. Hamburg 1949. S. 668–691.
– Die innere Form in Schillers Jugenddramen (1934). In: P. B.: Formensprache. Studien zur Literaturästhetik und Dichtungsinterpretation. Hamburg 1966. S. 229–267.
Borchmeyer, Dieter: Tragödie und Öffentlichkeit. Schillers Drama-

turgie im Zusammenhang seiner ästhetisch-politischen Theorie und die rhetorische Tradition. München 1973.
Dahnke, Hans-Dietrich: Zum Verhältnis von historischer und poetischer Wahrheit in Schillers Konzeptionsbildung und Dramenpraxis. In: Friedrich Schiller. Angebot und Diskurs. Zugänge, Dichtung, Zeitgenossenschaft. Hrsg. von Helmut Brandt. Berlin 1987. S. 264–281.
Dürrenmatt, Friedrich: Mannheimer Schillerrede (1959). In: Schiller – Zeitgenosse aller Epochen. Dokumente zur Wirkungsgeschichte Schillers in Deutschland. 2 Bde. Hrsg. von Norbert Oellers. München 1976. Bd. 2. S. 430–439.
Düsing, Wolfgang: Schillers Idee des Erhabenen. Köln 1967.
Fuhrmann, Manfred: Einführung in die antike Dichtungstheorie. Darmstadt 1973.
Gessmann, Martin: Pathos, pathetisch. In: Ästhetische Grundbegriffe. Hrsg. von Karlheinz Bark [u. a.]. Stuttgart/Weimar 2002. Bd. 4. S. 724–739.
Graham, Ilse: Schiller. A Master of Tragic Form. His Theory in his Practice. Pittsburgh 1973.
Hofmann, Michael: Das Erhabene und die nicht mehr schönen Künste. Aspekte der Modernität von Schillers literarischer Ästhetik. In: Littérature et civilisation. Nancy 1992. S. 59–77.
Humboldt, Wilhelm von: Über Schiller und den Gang seiner Geistesentwicklung. »Vorerinnerung« zu dem von Humboldt herausgegebenen Briefwechsel mit Schiller. Stuttgart 1930.
Kaiser, Gerhard: Vergötterung und Tod. Die thematische Einheit von Schillers Werk. Stuttgart 1967.
– Idylle und Revolution. Schillers *Wilhelm Tell*. In: Deutsche Literatur und Französische Revolution. Göttingen 1974. S. 87–128.
Keller, Werner: Das Pathos in Schillers Jugendlyrik. Berlin 1964.
Koopmann, Helmut: Friedrich Schiller. Bd. 1: 1759–1794. 2., erg. und durchges. Aufl. Stuttgart 1977.
– Kleinere Schriften nach der Begegnung mit Kant. In Schiller-Handbuch. Hrsg. von Helmut Koopmann. Stuttgart 1998. S. 575–586.
Lyotard, Jean-Francois: Der Widerstreit. München 1987. [Franz. 1983.]
Mayer, Hans: Das Ideal und das Leben. In: Schiller. Reden im Gedenkjahr 1955. Stuttgart 1955. S. 162–191.
Meier, Albert: Die Schaubühne als eine moralische Anstalt betrach-

tet. Schillers erfahrungsseelenkundige Umdeutung der Katharsis-Theorie Lessings. In: Lenz Jahrbuch 2 (1992) S. 151–162.
Petrus, Klaus: Schiller über das Erhabene. In: Zeitschrift für philosophische Forschung 47 (1993) S. 23–40.
Pries, Christine: Das Erhabene. In: Historisches Wörterbuch der Rhetorik. Hrsg. von Gert Ueding. Tübingen 1994. Bd. 2. Sp. 1378–89.
– (Hrsg.): Das Erhabene. Zwischen Grenzerfahrung und Größenwahn. Weinheim 1989.
Riedel, Wolfgang: Schriften zum Theater, zur bildenden Kunst und zur Philosophie. In: Schiller-Handbuch. Hrsg. von Helmut Koopmann. Stuttgart 1998. S. 560–574.
– »Weltgeschichte als ein erhabenes Objekt.« Zur Modernität von Schillers Geschichtsdenken. In: Prägnanter Moment. Studien zur deutschen Literatur der Aufklärung und Klassik. Hrsg. von Peter-André Alt. Würzburg 2002. S. 193–214.
Safranski, Rüdiger: Schiller oder Die Erfindung des Deutschen Idealismus. München 2004.
Sautermeister, Gert: Idyllik und Dramatik im Werk Friedrich Schillers. Stuttgart 1971.
Schadewaldt, Wolfgang: Furcht und Mitleid? In: Hermes 83 (1955) S. 129–181.
Schiller-Handbuch. Hrsg. von Helmut Koopmann. Stuttgart 1998. [Darin: Schillers philosophische Schriften. S. 560–586.]
Schiller Handbuch. Leben – Werk – Wirkung. Hrsg. von Matthias Luserke-Jaqui. Stuttgart 2005. [Darin: Theoretische Schriften. S. 339–490.]
Stahl, E. L.: Friedrich Schiller's Drama. Theory and Practice. Oxford 1954.
Staiger, Emil: Friedrich Schiller. Zürich 1967.
Storz, Gerhard: Der Dichter Friedrich Schiller. Stuttgart 1959.
Ueding, Gert: Schillers Rhetorik. Idealistische Wirkungsästhetik und rhetorische Tradition. Tübingen 1971.
Utz, Peter: Auge, Ohr und Herz. Schillers Dramaturgie der Sinne. In: Jahrbuch der Deutschen Schillergesellschaft 29 (1985) S. 62–97.
Viëtor, Karl: Die Idee des Erhabenen in der deutschen Literatur. In: K.V.: Geist und Form. Aufsätze zur deutschen Literaturgeschichte. Bern 1952. S. 234–266.
Weischedel, Wilhelm: Rehabilitation des Erhabenen. In: W. W.: Erkenntnis und Verantwortung. Düsseldorf 1956. S. 335–345.

Wiese, Benno von: Friedrich Schiller. Stuttgart 1959.
Wölfel, Kurt: Moralische Anstalt. Zur Dramaturgie von Gottsched bis Lessing (1971). In: Deutsche Dramentheorien. Beiträge zu einer historischen Poetik des Dramas in Deutschland. Bd. 1. Hrsg. von Reinhold Grimm. 3., verb. Aufl. Wiesbaden 1980. S. 56–122.
Zelle, Carsten: Das Erhabene. In: Historisches Wörterbuch der Rhetorik. Hrsg. von Gert Ueding. Tübingen 1994. Bd. 2. Sp. 1364–78.
– Katharsis. In: Reallexikon der Literaturwissenschaft. Hrsg. von Harald Fricke. Berlin 2000. Bd. 2. S. 249–252.
– Theoretische Schriften (zur Dramentheorie Schillers). In: Schiller Handbuch. Leben – Werk – Wirkung. Hrsg. von Matthias Luserke-Jaqui. Stuttgart 2005. S. 343–490.

Nachwort

> »Das Pathetische ist nur ästhetisch,
> in so fern es erhaben ist.«
>
> (74,24)

Im Briefwechsel mit Christian Gottfried Körner vergleicht sich Schiller einmal mehr mit Goethe, dem er mehr Genie, einen größeren Reichtum an Kenntnissen und einen verfeinerten Kunstsinn zugesteht. Mit Goethe könne er sich daher nicht messen. Im Drama jedoch wolle er sich neben ihm behaupten: »Hätte ich nicht einige andere Talente, und hätte ich nicht so viel Feinheit gehabt, diese Talente und Fertigkeiten in das Gebiet des Dramas herüberzuziehen, so würde ich in diesem Fach gar nicht neben ihm sichtbar geworden sein. Aber ich habe mir eigentlich ein eigenes Drama nach meinem Talente gebildet, welches mir eine gewisse Exzellenz darin gibt, weil es mein eigen ist.« (25. Februar 1789)

Diese Eigentümlichkeit von Schillers dramatischem Stil wurde oft beschrieben, imitiert und auch kritisiert. Ob Georg Büchner sich über Schillers »Marionetten mit himmelblauen Nasen und affektiertem Pathos« lustig macht, ob Karl Marx an Lassalles *Sickingen* »das Schillern, das Verwandeln von Individuen in bloße Sprachrohre des Zeitgeistes« tadelt, oder ob man sich an Nietzsches Kalauer vom »Moraltrompeter von Säckingen« erinnert, immer schlägt bei aller Kritik doch die Besonderheit von Schillers dramatischem Stil durch. All diesen Kritikern mit ihrem »mäkelnden Naturalismus« wird Friedrich Beissner vorwerfen, sie hätten »kein Stilgefühl für Schiller«. Denn was Schillers Stil so wirkungsvoll, populär und kritisierbar machte, waren Pathos, Ethos und Rhetorik.

»Schiller Stil ist undenkbar ohne Schillers Pathos.« Diese lapidare Feststellung Hans Mayers enthält den Schlüsselbegriff zahlloser Missverständnisse. Denn Pathos, so will es vielen heute scheinen, ist phrasenreiche Rhetorik, leerer Prunk oder hohle Deklamation, kurz: Künstlichkeit und nicht Kunst. Doch trifft solche Kritik eher auf Schiller-Epigonen des 19. Jahrhunderts wie Lassalle oder auch zeitgenössische Dramatiker wie Hochhuth zu – nicht jedoch auf Schiller. Bei ihm bilden rhetorische Sprache, pathetischer Gestus und erhabene Wirkung noch eine Einheit, die man als hohen, klassischen Dramenstil zu bezeichnen pflegt. Die Fremdheit dieses Stils sollte weder zu vorschneller Kritik noch zu fader Aktualisierung verleiten, sondern als Eigentümlichkeit von Schillers Drama verstanden werden, die sich aus seiner Dramentheorie erklären lässt.

I

Diese Besonderheit von Schillers dramatischem Stil und seine theoretische Rechtfertigung sind fest verankert in der europäischen Dichtungstradition. Die Rhetoriken und Poetiken des Aristoteles, Horaz, Cicero, Quintilian und Pseudo-Longinus waren für Schiller und seine Zeitgenossen noch Anleitung und Muster für die Stil- und Gattungslehre.

Das Pathos im engeren Sinne gehört in den Bereich der Wirkungsästhetik der Rhetorik. Aristoteles verlangte vom guten Redner, dass seine Rede pathetisch sei: Sie sollte leidenschaftlich sein, um Leidenschaften zu erregen, auf die Affekte der Zuhörer zielen, um sie in seinem Sinne zu beeinflussen. In seiner *Poetik*, die für unseren Zusammenhang wichtiger ist, spricht er davon, dass das Pathos der Tragödie Ausdruck qualvoller Handlungen in der Katastrophe sei. In der Dramaturgie der französischen Klassik übersetzte man Pathos mit *passion* und verstand darunter den dramatischen Ausdruck von Leidenschaften. Lessing korrigierte diese Lesart, die ihm zu sehr dem deklamatorisch höfischen Dekorum entsprach, und stellte die ursprüngliche Bedeutung von Pathos als Leiden wieder her. Als Ausdruck des leidenden Menschen in der Tragödie übernahm Schiller zunächst diese Deutung, der er dann in seinem Aufsatz *Ueber das Pathetische* seine eigentümliche Wendung gab.

Die Ästhetik des Erhabenen wurde von Boileau für die europäische Literatur wiederentdeckt, als er in der literarischen Fehde *Querelle des anciens et des modernes* auf die Schrift *Über das Erhabene* des Longinus hinwies und sie 1674 übersetzte. Longinus, genauer Pseudo-Longinus, da ihr Verfasser unbekannt ist, verstand unter dem Erhabenen eine Lehre vom hohen Stil. Es handelte sich also vor allem um eine rhetorische Kategorie, um hohe Gesinnungen und starke Gefühle auszudrücken. Diese Kunst des erhabenen Ausdrucks ist nicht erlernbar, sondern setzt natürliches Talent und Hoheit der Seele voraus, denn nur die wahrhaft große Seele vermag auch edel zu reden.

Nicht Johann Christoph Gottsched (1700–1766), der durch seine *Critische Dichtkunst* ein deutscher Boileau sein wollte, sondern seine Schweizer Kontrahenten Bodmer und Breitinger griffen diese Theorie begeistert auf, da sie ihrem Dichtungsverständnis entsprach. Große Dichtung entspringt auch für sie einer schöpferischen und enthusiastischen Einbildungskraft; denn nur diese findet erhabene Gegenstände, die den Horizont unserer alltäglichen Welt übersteigen. Im Wunderbaren der hohen Dichtung erhalten wir eine Ahnung von »möglichen Welten«.

In der Kunsttheorie des 18. Jahrhunderts entwickelte sich das Erhabene nun neben dem Schönen zu einer Grundkategorie der sich gerade formierenden Disziplin der Ästhetik. Während Alexander Gottlieb Baumgarten in seiner *Aesthetica* (1750–58) noch in der philosophischen Bestimmung des Schönen als sinnliche Erfahrung des Vollkommenen die eigentliche Aufgabe seiner Ästhetik sah, gewann die Idee des Erhabenen nach 1750, vor allem unter dem Einfluss des englischen Philosophen Edmund Burke (*A Philosophical Inquiry into the Origin of our Ideas of the Sublime and Beautiful*, 1757) mehr und mehr an Bedeutung. Es war Lessing, der seinen Freund Moses Mendelssohn auf Burke hinwies, und in Mendelssohns Abhandlung *Betrachtungen über das Erhabene und Naive in den schönen Wissenschaften* (1758) stellten Longinus und Burke die Hauptquellen seiner Überlegungen dar. 1764 beschäftigte sich auch Kant erstmals mit dieser Idee (*Beobachtungen über das Gefühl des Schönen und Erhabenen*); allerdings sind seine Überlegungen noch mehr empirischer als theoretischer Natur. Die Ergebnisse dieser zeitgenössischen Diskussion fasste dann Johann Georg Sulzer in einem ausführlichen Artikel seiner *Allgemeinen Theorie der schönen Künste* (1771–74, Stichwort: »Erhaben«) zusammen. Dieses Kompendium der Aufklärungsästhetik lernte Schiller schon in der Karlsschule kennen und hat es Zeit seines Lebens vielfach benutzt.

Man tut diesem grob skizzierten Traditionszusammenhang keinen Zwang an, wenn man behauptet, dass Kants »Analytik des Erhabenen« in seiner *Kritik der Urteilskraft* (1790) diese europäische Tradition zusammenfasste und am überzeugendsten auf den Begriff brachte. Mit ihm setzte sich Schiller Anfang der 1790er Jahre kritisch auseinander und entwickelte seine eigentümliche Theorie des Erhabenen, die er auf die dramatische Kunst übertrug.

II

Für Schiller wurde das Erhabene zum zentralen Problem seiner Dramentheorie. Ihm ist das Pathetische als ästhetische Darstellungsform zugeordnet. Beide Begriffe bilden für Schiller eine notwendige Einheit, auf der die Wirkung der Tragödie beruht: Das Pathetische ist ohne Bezug auf das Erhabene nicht darstellungswürdig, das Erhabene bedarf der pathetischen Darstellung, um zu erscheinen.

Was Schiller unter dem Pathetischen verstand, hat er in seiner Abhandlung *Über das Pathetische* erläutert. Darin sowie in zwei komplementären Aufsätzen entwickelte er unter dem Einfluss der Ästhetik Kants seine eigentümliche Dramentheorie, durch die er nachträglich den pathetischen Stil seiner Jugenddramen rechtfertigte und zugleich die ästhetischen Prinzipien seiner klassischen Dramen festlegte.

Wie Lessing übersetzt Schiller Pathos mit Leiden, und dementsprechend ist jede Situation, die uns einen leidenden Menschen zeigt, pathetisch. Pathos ist der affektvolle Ausdruck des Leidens und für Schiller »eine unnachläßliche Forderung an den tragischen Künstler« (69,32f.). Der Dramatiker muss uns eine möglichst lebhafte Vorstellung des Leidens geben, damit sich der Held vor dem Zuschauer als natürlicher Mensch ausweist, der dieselben Leidenschaften und Schmerzen fühlt wie wir. Nur dann, wenn der Zuschauer erkennt, dass der Held ein »empfindsames Wesen« ist, kann er mit ihm leiden. Bei der Darstellung der Leiden darf sich der Dramatiker nicht mit bloßen Andeutungen begnügen; ausdrücklich fordert Schiller, er solle »seinem Helden oder seinem Leser die ganze volle Ladung des Leidens geben« (70,3f.). Um dieses Leiden erfahrbar zu machen und den Zuschauer zu erschüttern, bedient sich der Dramatiker aller Elemente der Tragödie, nämlich dramatischer Situationen und Charaktere, Sprache und Gestik, Bericht und Monolog. Kurz: Was immer in der Tragödie geschieht, muss pathetisch sein. Daher ist der erste Grundsatz tragischer Kunst: »Darstellung der leidenden Natur« (72,31f.).

Allerdings ist damit nur eine Seite des Pathetischen, sozusagen seine äußere, beschrieben. Das Pathetische als leidbezogene Darstellung erschöpft sich für Schiller niemals in der Zurschaustellung bloßen Leidens; das würde als grell und sinnlos befremden oder abstoßen. Die unmittelbare Konfrontation mit leidenden Menschen auf der Bühne lässt sich ästhetisch nur dann rechtfertigen, wenn im Leiden auch eine mögliche Erhebung über das Leid gezeigt wird. Darum wendet sich Schiller entschieden gegen jene Dramatiker, deren Dramen nicht mehr zeigen als drastische Affektszenen oder gar Schreckensbilder. Diese Dramatiker – gemeint sind wohl einige Dramatiker der Sturm-und-Drang-Epoche – vergessen laut Schiller nämlich, »daß das Leiden selbst nie der letzte Zweck der Darstellung und nie die unmittelbare Quelle des Vergnügens seyn kann, das wir am Tragischen empfinden« (74,21–23). Die extensive wie intensive Gestaltung des Pathetischen lässt sich dramaturgisch nur dann rechtfertigen, wenn dadurch auch die Selbstbehauptung des leidenden Menschen und dessen Würde sichtbar werden: »Das Sinnenwesen muß tief und heftig leiden; Pathos muß da sein, damit das Vernunftwesen seine Unabhängigkeit kund thun und sich handelnd darstellen könne.« (69,14–17) Unser Vergnügen an der Tragödie beruht darauf, dass sich der Mensch über sein Leid erheben kann und seine übersinnliche Kraft in sich spürt. Deshalb lautet das zweite Fundamentalgesetz tragischer Kunst: »Darstellung des moralischen Widerstandes gegen das Leiden« (72,33).

Jetzt wird auch jener befremdliche Satz der Einleitung verständlicher: »Der letzte Zweck der Kunst ist die Darstellung des Übersinnlichen, und die tragische Kunst bewerkstelligt dies dadurch, dass sie uns die moralische Independenz von Naturgesetzen im Zustand des Affekts versinnlicht.« (69,4–8) Das Übersinnliche bezeichnet hier weder ein Transnaturales im Sinne der Magie noch ein Transzendentes in Sinne christlicher Heilsvorstellungen, sondern die Erfahrung des moralischen Gesetzes in uns und die darin gründende Idee der Freiheit. Nun bereitet die Darstellung dieser Idee selbst Philosophen einiges Kopfzerbrechen. So heißt es beispielsweise in Kants *Kritik der Urteilskraft* apodiktisch: »Buchstäblich genommen, und logisch betrachtet, können Ideen nicht dargestellt werden.« (*Kritik der Urteilskraft*, §29, ausführlicher in §59) Der Kantianer Schiller ist sich dieses Problems wohl bewusst, wenn er anmerkt: »Nun sind aber Ideen im eigentlichen Sinn und positiv nicht darzustellen, weil ihnen nichts in der Anschauung entsprechen kann.« (76,20–22) Indirekt jedoch ließe sich die Idee der Freiheit sehr wohl darstellen. Durch die pathetische Kunst wie Schiller sie versteht, wird die sinnlich-sittliche Doppelnatur des Menschen erkennbar. Während der sinnliche Mensch leidet und der Macht der Affekte unterworfen ist, macht er »im Zustand des Affekts« die Erfahrung einer selbständigen Kraft in sich, die dem Zwang des Leidens nicht unterworfen ist. Diese Selbstbehauptung im Leiden lässt sich aus der bloßen Natur des Menschen nicht erklären. Es muss also eine höhere Kraft in ihm wirksam sein, die der physischen Natur nicht unterworfen ist und sich über die Sinnenwelt erheben kann. »Jede Erscheinung, deren letzter Grund aus der Sinnenwelt nicht kann abgeleitet werden, ist eine indirekte Darstellung des Uebersinnlichen.« (76,27) Jede pathetische Situation, die den Widerstand des Helden gegen das Leid zeigt, wäre demnach eine indirekte Darstellung des übersinnlichen Vermögens im Menschen: »Bey allem Pathos muß also der Sinn durch das Leiden, der Geist durch die Freyheit interessiert sein.« (86,23 f.) Das Pathetische als dramatische Darstellungsform bildet die notwendige Voraussetzung für die erhabene Wirkung der Tragödie.

Hier liegt die Nahtstelle zwischen dem Pathetischen und Erhabenen. Der Zusammenhang zwischen Form und Wirkung, Mittel und Zweck wird erst dann verständlich, wenn man den Komplementärbegriff des Erhabenen berücksichtigt. Noch in enger Anlehnung an Kant definiert Schiller das Erhabene folgendermaßen: »*Erhaben* nennen wir ein Objekt, bey dessen Vorstellung unsere sinnliche Natur ihre Schranken, unsre vernünftige Natur aber ihre Überlegenheit, ihre Freyheit von Schranken fühlt; gegen das wir also *physisch* den kürzeren ziehen, über welchen wir uns aber *moralisch*, d. i. durch Ideen erheben.« (NA 20,171) Auf ein erhabenes Objekt reagieren wir in widersprüchlicher Weise: Wir empfinden ein »gemischtes Gefühl«, das sich aus »Wehsein« und »Frohsein« zusammensetzt. Die Tatsache, dass wir auf ein und denselben Gegenstand so unterschiedlich reagieren, verweist wiederum auf die spannungsreiche menschliche Doppelnatur. Unser paradoxes Interesse am Erhabenen, das Schiller mit den Oxymora »angenehmes Grausen« und »schauerliche Lust« umschreibt, erklärt er damit, »daß wir wollen können, was die Triebe verabscheuen, und verwerfen, was sie begehren« (104,31 f.). Am Erhabenen interessiert Schiller sowohl das schmerzhaft peinliche Gefühl unserer physischen Begrenzung als auch die Leid überwindende Erfahrung unseres intelligiblen Seins, die Gegenwart eines übersinnlichen Prinzips im Menschen. Wiederum bilden Pathos und Erhabenheit eine notwendige Einheit: »Das Pathetische ist nur ästhetisch, in so fern es erhaben ist.« (74,24 f.)

III

Bei einer solchen Funktionsbestimmung der tragischen Kunst drängt sich die Frage auf, ob die Tragödie damit nicht in das Schlepptau einer moralischen Erziehung gerät, wie es noch die Popularphilosophie der Aufklärung gefordert hatte. Werden hier nicht die zwei Disziplinen der Moral und Ästhetik wieder miteinander vermengt, die Kant gerade erst geschieden hatte? Ist die Schaubühne für Schiller eine »moralische Anstalt« oder besitzt sie eine ästhetische Eigengesetzlichkeit, die nicht mehr zulässt, dass man sie auf lebenspraktische Aufgaben abrichtet?

Zweifellos steht Schillers Schaubühnenaufsatz noch in der Nachfolge der aufklärerischen Dramaturgie. Aus seiner Mannheimer Rede von 1784 spricht noch der Fortschrittsglaube der Aufklärung, wenn es dort beispielsweise heißt: »Menschlichkeit und Duldung fangen an, der herrschende Geist unsrer Zeit zu werden« (16,26–28). Daran habe die Bühne, neben den Gesetzen und der Religion einen nicht zu unterschätzenden Anteil; denn sie wirke »tiefer und daurender als Moral und Geseze« (11,34). Ihre »Gerichtsbarkeit fängt an, wo das Gebiet der weltlichen Gesetze sich endigt« (10,25 f.). Sie vermag die Fürsten zu erziehen, das Volk zu bilden und als Nationaltheater möglicherweise die Nation zu einen.

Das sind gewiss hochgestochene Erwartungen, die auf den Einfluss der Aufklärung zurückgehen, doch auf einen moralisierenden Dramatiker, wie es das Vorurteil will, lässt sich selbst der junge Schiller nicht festlegen. Es gibt schon in dieser Rede Hinweise, die vor allzu großem Optimismus warnen und »die große Wirkung der Schaubühne einschränken« (14,34 f.). Schon 1782 in seiner Rede »Über das gegenwärtige deutsche Theater« fragte er skeptisch, ob das Theater den Zuschauer wirklich bessere, und er antwortete lakonisch: »Ich zweifle gewaltig.« (NA 20,81) Woran er zweifelt, ist die Möglichkeit gesellschaftlicher Praxis in Form des Dramas. Wenn Odoardo sein Kind geopfert hat, »welcher Fürst gibt dem Vater seine geschändete Tochter wieder?« (NA 20,80) Ebenso realistisch ist dort seine Einschätzung des Publikums, das er als müßiggängerisch und eitel tadelt, eine Einschätzung, mit der er sowohl das höfische wie bürgerliche Publikum meinte (NA 20,81). All dies beruhte auf seinen Erfahrungen am Nationaltheater in Mannheim, wo »das Schauspiel weniger Schule als Zeitvertreib ist« (ebd.). Doch bevor er seine eigene, der Zeit entsprechende »Mannheimer Dramaturgie« entwickeln konnte, war er als Theaterdichter schon entlassen.

Als er seine neue Dramentheorie Anfang der 1790er Jahre formulierte, entstand diese unter dem Einfluss Kants, der zwischen Moral und Ästhetik eine scharfe Trennungslinie gezogen hatte: In der Moral herrscht die Vernunft, in der Kunst die Einbildungskraft. Es kann durchaus sein, dass ein Kunstwerk einen moralischen Einfluss hat, doch trägt die moralische Zweckmäßigkeit nichts zur Schönheit des Kunstwerks bei. Diese unterschiedliche Beurteilung einer Handlung wird am deutlichsten, wenn Moral und Ästhetik in ihrem Urteil nicht übereinstimmen; denn »der nämliche Gegenstand kann uns in der moralischen Schätzung mißfallen, und in der ästhetischen sehr anziehend für uns seyn« (89,7–9). Als Beispiel für diese grundsätzlich verschiedenen Betrachtungsweisen wählt Schiller die Selbstverbrennung des Peregrinus Protheus zu Olympia. Moralisch ist diese Tat zu verurteilen, da sie die Pflicht zur Selbsterhaltung verletzt; ästhetisch jedoch gefällt sie, da sie ein Vermögen des Willens beweist, sich über den sinnlichen Trieb zu erheben. In der Moral muss darauf geachtet werden, dass eine Handlung aus Pflicht und nicht irgendwelchen anderen Antrieben ausgeführt wird. Bei der ästhetischen Beurteilung der Tat ist es gleichgültig, ob sie aus reiner Gesinnung oder einem Privatinteresse, etwa der Eitelkeit, entspringt. Diese Unbestimmtheit in der Beurteilung einer Handlung entfällt in der Ästhetik; dort sind wir nur an dem Vermögen des Willens interessiert, sich von der Sinnlichkeit nicht bestimmen zu lassen. Schon die bloße Vorstellung, »absolut zu wollen«, schon die »bloße Möglichkeit, uns vom Zwange der Natur loszusagen«, schmeichelt unserem Freiheitsbedürfnis (92,35 f.). Die Moral gebietet unbedingt, die Kunst macht uns dagegen mit unserem moralischen Vermögen bekannt, ohne zugleich zu fordern, ihm auch zu gehorchen. Ob ein Mensch wirklich moralisch, d. h. aus Pflicht, handelt, kann niemals eindeutig entschieden werden, da wir nur die Tat, nicht aber seine Motive kennen. Die Einbildungskraft der Künstler kann uns mit denkbaren und wahrscheinlichen Situationen konfrontieren, die uns die Möglichkeit der Willenskraft demonstrieren; wir können uns vorstellen, was wir in Wirklichkeit nie erfahren würden. Nicht die Tatsache, dass etwas wirklich geschehen ist, macht den Reiz der Kunst aus, sondern dass es geschehen könnte. Nur die denkmögliche Konstellation, die bloße Möglichkeit eines Geschehens interessiert die Ästhetik: »Die ästhetische Kraft, womit uns das Erhabene der Gesinnung und Handlung ergreift, beruht also keineswegs auf dem Interesse der Vernunft, daß recht gehandelt w e r d e, sondern auf einem Interesse der Einbildungskraft, daß rechtes Handeln m ö g l i c h s e y.« (97,1–5)

Wie sehr wir bei ästhetischen Urteilen an dem Vermögen zur Freiheit und nicht etwa an der Moral interessiert sind, demonstriert auch Schillers Faszination für den erhabenen Verbrecher, sobald dieser Glück und Leben aufs Spiel setzt, um sein Ziel zu erreichen. Jede Tat, die uns den Menschen als ein Wesen zeigt, das wollen kann, was den Trieben widerstreitet, ist erhaben. Medeas Rache ist moralisch verwerflich, sieht man jedoch auch die liebende Mutter, so erhält ihr Kindermord erhabene Züge. Können unter dieser Perspektive selbst Verbrecher ästhetisch interessant werden, so ist es eine »offenbare Verwirrung der Grenzen, wenn man moralische Zweckmäßigkeit in ästhetischen Dingen fodert« (98,21f.).

IV

Das »Vergnügen an tragischen Gegenständen« beruht letztlich darauf, dass eine Überwindung des Leidens möglich sei. Das Pathetische als Ausdruck der leidenden Natur weist auf das Erhabene als Vermögen der Freiheit. Dieser Konflikt zwischen Natur und Freiheit, Sinnlichkeit und Sittlichkeit wird in Schillers Dramen thematisiert. Der erhabene Gegenstand der Tragödie bereitet Schmerz und Vergnügen: Schmerz, da wir (mit)leiden, Vergnügen, da wir eine übersinnliche Kraft in uns spüren.

Aber wie kann die Tragödie uns vergnügen, wenn das Leiden des Menschen bis zum Äußersten gesteigert wird? Schwindet nicht mit dem Untergang des Helden aller Vernunftoptimismus? Ist nicht mit dem Tod auch die Grenze der Freiheit erreicht? Diesem ästhetischen wie menschlichen Problem, das leitmotivisch in Schillers Werken wiederkehrt, widmete Schiller seine letzte dramentheoretische Schrift *Ueber das Erhabene*.

Wiederum geht er davon aus, dass sich der Mensch in einem »unglücklichen Widerspruch zwischen dem Trieb und dem Vermögen« befinde (99,19 f.). Das charakteristische Kennzeichen des Menschen ist der Wille, er ist der »Geschlechtscharakter des Menschen« (99,5). Diese Wesensbestimmung des Menschen wird durch seine physischen Grenzen und den Tod immerzu in Frage gestellt; denn der Tod ist der einzige Fall, wo der Mensch »nur muß und nicht will« (99,33), wo seine Freiheit total bedroht ist. Gegen diese physische Bedrohung, die der Mensch gegen seinen Willen erleiden muss, gibt es für Schiller nur ein Mittel, nämlich die Natur hinter sich zu lassen und diese Gewalt, der man nicht entfliehen kann, »dem Begriff nach zu vernichten«, d.h., »sich derselben freywillig [zu] unterwerfen« (100,34 f.). Etwas später nennt er diesen Willensakt der freiwilligen Aufhebung aller sinnlichen Interessen: »sich moralisch zu entleiben« (114,12 f.).

Man fragt sich, ob dies nicht eine recht bedenkliche Verteidigung der Selbsttötung ist. Das Ganze sieht aus, wie der verzweifelte Versuch eines Idealisten, den Tod, dem er nicht entrinnen kann, zu einem Willensakt zu machen und ihm auf diese Weise noch einen Sinn zu geben. Doch liegen auch hier die Dinge komplizierter als der erste Eindruck nahelegt; denn diese Gedanken gehören weder in das Gebiet der Ethik, noch in das der Metaphysik, vielmehr gelten diese grundlegenden Überlegungen zum Schicksal des Menschen ausschließlich der Frage, welche Bedeutung das Erlebnis des Erhabenen für den Menschen habe und wie die Tragödie den »idealistischen Schwung des Gemüths« (101,21) kultivieren könne. Schiller fragt nach der Möglichkeit einer ästhetischen Erziehung des Menschen durch das Erhabene; denn der ganze Aufwand der Tragödie soll uns nicht vorbereiten, würdig zu sterben, sondern würdig zu leben. (Der letzte Akt von *Maria Stuart* dürfte wohl das bekannteste Beispiel in Schillers Dramen sein, wie die Heldin das ihr verkündete Todesurteil frei annimmt und den Tod zu einer selbstgewollten Handlung macht.)

In den Briefen *Über die ästhetische Erziehung des Menschen* hatte sich Schiller noch ausschließlich mit der Funktion der Schönheit beschäftigt. Inwiefern tragen der Sinn für das Schöne und ein verfeinerter Geschmack dazu bei, den rohen Naturzustand des Menschen zu kultivieren. Doch würden wir »durch die Schönheit allein [...] ewig nie erfahren, daß wir bestimmt und fähig sind, uns als reine Intelligenzen zu beweisen« (105,18–20). Diesen Mangel der Erziehung zum Schönen gleicht die Pädagogik des Erhabenen aus. Durch sie erfahren wir, dass der Mensch noch unter einer anderen Gesetzgebung als jener der Natur steht und dass er sich als Vernunftwesen nicht nur nach den Bedürfnissen der Sinne richten muss. Die erhabene Empfindung macht uns frei, »weil der Geist hier handelt, als ob er unter keinen anderen als seinen eigenen Gesetzen stünde« (103,26 f.). Das Schöne hält den Menschen in der Sinnenwelt gefangen, das Erhabene erhebt ihn über sie, indem es auf den »reinen Dämon« in ihm aufmerksam macht (116,3).

Beide Empfindungen entwickeln sich ungleichzeitig im Menschen. Während wir schon in früher Jugend einen Sinn für das Schöne haben, ist das Erhabene uns noch fremd oder wir schaudern vor ihm zurück. Unter den verschiedenen Möglichkeiten, die Empfindungsfähigkeit für das Erhabene zu kultivieren, hält Schiller die Tragödie für die wirkungsvollste. Denn sie vereinigt auf ideale Weise »zwey Hauptbedingungen des Erhabenen: sinnlichlebhafte Vorstellung des Leidens mit dem Gefühl eigner Sicherheit verbunden« (66,26). In der Tragödie erleben wir fremdes Unglück bloß als Illusion, nicht aber als Wirklichkeit: »Das Pathetische ist ein künstliches Unglück«, das uns vorbereitet findet und uns nicht gänzlich die Gemütsfreiheit raubt (114,18). Das Leiden ist auf der Bühne zwar unmittelbar gegenwärtig, als ob es wirklich wäre, aber wir sind ihm nicht gänzlich unterworfen, »weil es bloß eingebildet ist« (114,25). Nur unter der Voraussetzung des theatralischen Scheins, als wohlorganisierte Illusion erfüllt die Tragödie den Zweck, dem Zuschauer sein intelligibles Vermögen bewusst zu machen. Hier werden wir »von der zweyten Hand« (116,33 f.) der Kunst besser bedient als von der Natur, und je öfter das, was uns in Wirklichkeit zustoßen könnte, ästhetisch antizipiert wird, umso mehr stärkt es unsere Widerstandskraft. Daher kann der Dramatiker Schiller kühn behaupten: »Das Pathetische [...] ist eine Inokulation des unvermeidlichen Schicksals, wodurch es seiner Bösartigkeit beraubt, und der Angriff desselben auf die starke Seite des Menschen hingeleitet wird.« (114,35–115,3) Man könnte Schillers Dramaturgie daher eine Theorie des geistigen Widerstands und der präventiven Abhärtung nennen.

V

Jede voll ausgebildete Dramentheorie stützt sich auf philosophische und ästhetische Voraussetzungen, denen gattungspoetische Forderungen entsprechen. Das war bei Aristoteles nicht anders als bei Lessing und Schiller. Schillers dualistisches Weltbild und seine darin gründende Lehre vom Pathetischen und Erhabenen bilden die Voraussetzung für seine praktischen Anweisungen zur Form der Tragödie. Diese hat Schiller in seinem Aufsatz *Über die tragische Kunst* formuliert, und es empfiehlt sich, von seiner zusammenfassenden Definition auszugehen: »Die Tragödie wäre demnach dichterische Nachahmung einer zusammenhängenden Reihe von Begebenheiten (einer vollständigen Handlung) welche uns Menschen in einem Zustand des Leidens zeigt, und zur Absicht hat, unser Mitleid zu erregen.« (58,16–20) An dieser schlichten Definition überrascht die Tatsache, dass Schiller bei der Zweckbestimmung der Tragödie nur vom Mitleid, nicht aber von Furcht und Katharsis spricht, die Aristoteles und – ihn christlich orientiert auslegend – Lessing betont hatten. Im Grunde geht es Schiller nur darum, den dramentechnischen Aspekt, das »Vergnügen des Mitleids« (42,22; 43,24 f.) und die Steigerung bzw. »Gradation der Eindrücke« zu erklären (57,10 f.). Die Eigentümlichkeit dieser Definition, die bereits auf die Form von Schillers klassischen Dramen vorausdeutet, versteht man am besten, indem man sie in ihre Bestandteile zerlegt und ihre Elemente einzeln erläutert, wie übrigens auch Schiller selbst verfährt.

Beim Nachahmungsbegriff hält sich Schiller nicht bei der aristotelischen Mimesislehre auf, sondern konzentriert sich nur auf die gattungseigentümlichen Unterschiede von Drama und Epos (Roman). »Alle erzählende Formen machen das Gegenwärtige zum Vergangenen, alle d r a m a t i s c h e machen das Vergangene gegenwärtig.« (58,33–35) Ganz ähnlich formulierte Goethe später ihre gemeinsamen Überlegungen in dem Aufsatz *Ueber epische und dramatische Dichtung* (118,8–12). Dieser Unterschied ist entscheidend für die Wirkung auf das Publikum. Die Tragödie konfrontiert den Zuschauer unmittelbar mit dem Leiden der handelnden Personen, während Erzählungen und Beschreibungen von fremdem Leid den Leser in eine zeitliche und räumliche Distanz zum Erzählten versetzen.

Die scheinbar selbstverständliche zweite Forderung, dass die Tragödie »Nachahmung einer Reihe von B e g e b e n h e i t e n, einer H a n d l u n g« sei (58,36–59,1), ist seit Aristoteles ein Topos der europäischen Dramentradition, den Lessing in der *Hamburgischen Dramaturgie* den deutschen Dramatikern wieder eingeschärft hatte: »Nichts empfiehlt Aristoteles dem tragischen Dichter mehr, als die gute Abfassung der Fabel. [...] Denn die Fabel ist es, die den Dichter vornehmlich zum Dichter macht.« (38. Stück) Schiller folgte ihm darin, wenn er an Goethe schreibt, »daß der ganze *Cardo rei* in der Kunst liegt, eine poetische Fabel zu erfinden« (4. April 1797). Doch nicht daran ist Schiller hier interessiert, sondern an dem Unterschied zwischen der Tragödie und den »lyrischen Gattungsarten«. Zwar ahmt auch die Lyrik Empfindungen und Gefühle poetisch nach, »aber nicht Handlungen« (59,7). Zum dynamischen Prinzip der Tragödie gehört notwendig, dass etwas geschieht, dass sich zwischen Anfang und Ende einer Szene oder eines Aktes eine dramatische Entwicklung vollzogen hat. Selbst lyrische Episoden müssen eine dramatische Funktion haben, dem Zuschauer Affekte darstellend vor Augen bringen, damit er die Motivationen der handelnden Personen erkennt. Nur eine zusammenhängende »Reihe von Begebenheiten« (58,36–59,1) ergibt eine Handlung, die aus Ursache und Wirkung besteht. Erst durch eine zweckmäßige Anordnung und Motivierung der Begebenheiten gewinnt die Handlung tragische Bedeutung und weckt das Mitleid des Zuschauers.

Die dritte Forderung, dass die Tragödie »Nachahmung einer *vollständigen* Handlung« sei (59,17f.), könnte sich auch auf Aristoteles berufen, der für die Tragödie eine vollständige Handlung forderte, die aus einem Anfang, einer Mitte und einem Ende bestehe, also aus Exposition (Entwicklung), Peripetie (Umschwung), Retardation (Verlangsamung), Anagnorisis (Katastrophe und Erkennen der Situation) (*Poetik*, Kap. 7). Auch darauf geht Schiller nicht ein, vielmehr betont er, dass sich die Begebenheiten zu einem Ganzen runden müssen, damit die tragische Handlung »Wahrheit« für den Zuschauer habe. Er versteht darunter »die Uebereinstimmung eines vorgestellten Affekts

[...] mit der Natur unserer Seele [...]. Wenn wir es nicht fühlen, daß wir selbst bey gleichen Umständen eben so würden gelitten und eben so gehandelt haben, so wird unser Mitleid nie erwachen.« (59,22–28) Diese Forderung steht Lessings Mitleidstheorie so fern nicht, nur dass Schillers sozial weniger konkret ist. Im 14. Stück der *Hamburgischen Dramaturgie* wendet sich Lessing gegen die Ständeklausel in der Tragödie und begründet damit zugleich das bürgerliche Trauerspiel: »Das Unglück derjenigen, deren Umstände den unsrigen am nächsten kommen, muß natürlicherweise am tiefsten in unsere Seele dringen.« Und in seinem Kommentar zur aristotelischen Katharsislehre erläutert er die Furcht, als das selbstbezogene Mitleid, das im Parkett nur wirksam werde, wenn die Charaktere »uns ähnlich« sind, »mit uns von gleichem Schrot und Korne« (*Hamburgische Dramaturgie*, 75. Stück). Auch hier dachte er wohl vor allem an ein bürgerliches Publikum.

Zwar spricht auch Schiller davon, dass »nur das Leiden sinnlichmoralischer Wesen, dergleichen wir selbst sind«, unser Mitleid erregen könne (61,36–62,1); doch bei aller Nähe zu Lessings Theorie verrät schon die Formulierung, wer sich zwischen Lessing und Schiller geschoben hat – nämlich Kant. Während Lessings Mitleidstheorie auf den Bürger zielte, fragte Schiller philosophisch grundsätzlicher nach den allgemeinmenschlichen Voraussetzungen des Mitleids. Das geht aus einer anderen Stelle noch deutlicher hervor, wo er die »Aehnlichkeit zwischen uns und dem leidenden Subjekt« (53,11f.) mit der »Allgemeinheit und Nothwendigkeit« (53, 29) unserer sittlichen Natur begründet, also mit anthropologischer statt sozialer Gleichheit. Das entspricht schon Schillers späterer klassischer Kunstauffassung, wonach »die poetischen Gestalten immer das Allgemeine der Menschheit darzustellen und auszusprechen haben« (an Goethe, 24. August 1798). Dem stimmte Goethe zu, wenn er am *Wallenstein* lobte, »daß alles aufhört politisch zu sein und bloß menschlich ist« (an

Schiller, 18. März 1799). Beide stimmen darin überein, dass es genüge, »bloß Mensch überhaupt zu seyn«, um Mitleid zu empfinden (54,20f.).

»Die Tragödie ist viertens *poetische* Nachahmung einer mitleidswürdigen Handlung, und dadurch wird sie der historischen entgegengesetzt.« (60,20–22) Seit Aristoteles im 9. Kapitel der *Poetik* erklärte, dass die Dichtung philosophischer und bedeutender sei als die Geschichtsschreibung, ist diese poetische Lizenz ein Gemeinplatz der europäischen Dramentradition. Lessing hatte diese Stelle im 89. Stück der *Hamburgischen Dramaturgie* übersetzt und mehrfach kommentiert. Seine Interpretation räumte den Dramatikern mehr Freiheiten bei der Bearbeitung eines historischen Stoffes ein als die pedantischen Theoretiker der Frühaufklärung dies taten. In der Organisation und Motivierung des historischen Materials sei der Dramatiker unabhängig; »denn der dramatische Dichter ist kein Geschichtsschreiber« (11. Stück). Er ahmt die Geschichte nicht nach, um zu berichten oder zu belehren, wie es wirklich gewesen sei. Er benutzt sie nur als Mittel, um seinen gattungseigentümlichen Zweck zu erreichen, nämlich den Zuschauer durch die theatralische Täuschung zu rühren und zu erschüttern. Nur mit den »wahren Namen« berühmter Personen solle der Dramatiker vorsichtiger verfahren: die Fakten mag er ändern, wie es seinen Absichten entspricht, »nur die Charaktere sind ihm heilig« (23. Stück).

Diese Befreiung der Tragödie vom historischen Nachahmungszwang hat Schiller noch pointierter und grundsätzlicher formuliert. Als Historiker kennt er die Materialfülle der Geschichte, als Dramatiker der Geschichte ringt er mit ihr und als Theoretiker der Tragödie betrachtet er die Weltgeschichte als »ein erhabenes Objekt« (88,24). Zunächst schließt er sich noch Lessings Lehrmeinung an: Der Tragödiendichter kann nicht »vor das Tribunal der Geschichte« gerufen werden; denn er will rühren und ergötzen – nicht unterrichten (61,17f.). Der Historiker ist an die historische Wahrheit gebunden, der Dramatiker ist in ihrer Nachahmung frei, da sein Zweck eine »mitleidswürdige Handlung« ist. Diese poetische Wahrheit wird dann in der Abhandlung *Ueber das Pathetische* ästhetisch begründet: »Selbst an wirklichen Begebenheiten historischer Personen ist nicht die Existenz, sondern das durch die Existenz kund gewordene Vermögen das Poetische« (95,19–21). Nicht die Tatsache, dass etwas wirklich geschehen ist, macht die ästhetische Wirkung der Tragödie aus, sondern dass es geschehen konnte. Das allein qualifiziert die historisch große Tat für die poetische Nachahmung. »Die ästhetische Kraft muß also schon in der vorgestellten Möglichkeit liegen.« (95,17 f.) Unter dieser ästhetischen Perspektive kann die Geschichte zu einem »erhabenen Objekt« für den Dramatiker werden, da sie den handelnden und leidenden Menschen und sein Vermögen zur Größe und Freiheit darstellt. Der Dramatiker soll sowohl das dem Menschen Mögliche als auch eine mögliche Welt nachahmen.

Heißt es in Schillers Definition fünftens, dass die Tragödie eine Handlung nachahme, »welche uns Menschen in einem Zustand des Leidens zeigt« (58,18 f.), so scheint es nach allem, was bisher über die Bedeutung des Pathetischen gesagt wurde, fast überflüssig, dem noch etwas hinzuzufügen. Doch gerade die Darstellung des Leidens, die dramatische Ökonomie ist ein dramaturgisches Problem, dem Schiller größte Aufmerksamkeit widmete. »Alles Mitleid setzt Vorstellungen des Leidens voraus, und nach der Lebhaftigkeit, Wahrheit, Vollständigkeit und Dauer der letztern richtet sich auch der Grad der erstern« (51,36–52,3), heißt es, noch bevor er seine zusammenfassende Definition formuliert. Von der rechten Dosierung des Leidens hängt die theatralische Wirkung der Tragödie ab. So fragt er, welcher Held sich für die Tragödie am besten eigne, unter welchen Bedingungen das Mitleid des Zuschauers ein Maximum erreiche und was die tragische Rührung mindern oder stören könnte. Solche Fragen, welche die Entstehung von Schillers Dramen mit geradezu experimenteller Neugier begleiten, zeigen, wie er alle möglichen Wirkungen auf den Zuschauer im Voraus berechnete. Alle theatralischen Mittel dienen dem einen Zweck, nämlich durch das Kalkül des Mitleids die selbständige Kraft im Zuschauer zu wecken. Wegen dieser wirkungsästhetischen Tendenz zählt Schiller die Tragödie zu den »Künsten des Affekts« (NA 20,382).

Es gehört zu den größten Schwierigkeiten dramatischer Kunst, in der Darstellung des Leidens, d. h. seiner Dosierung, Steigerung und Dauer, das rechte Maß zu treffen: Ein Zuviel stößt den Zuschauer ab, ein Zuwenig lässt ihn kalt. Die theatralische Illusion ist ein sehr labiler Zustand. Der Zuschauer empfindet den mitleidigen Affekt als Zwang, dem er sich entziehen möchte. Daher würde er auf einen schwachen Ausdruck des Leidens oder eine ungenügende Motivation schon mit nachlassender Aufmerksamkeit reagieren. Desgleichen würde ein Zuviel an Leiden der Absicht der Tragödie schaden: »Wenn aber das Affekt erregende (oder Pathetische) einen Grund des Erhabenen abgeben soll, so darf es nicht bis zum wirklichen S e l b s t l e i d e n getrieben werden.« (66,13–15) Die totale Illusion würde totale Unfreiheit bedeuten – ein für Schiller unerträglicher Gedanke.

»Die Tragödie endlich vereinigt all diese Eigenschaften, um den mitleidigen Affekt zu erregen.« (62,31 f.) An dieser Funktionsbestimmung der Tragödie überrascht, dass Schiller im Unterschied zu Aristoteles und seinen zahlreichen Auslegern nur vom Mitleid, nicht aber von Furcht und Katharsis spricht. Man fragt sich erstaunt, wie diese Reduktion des Zwecks der Tragödie auf das Mitleiden zu verstehen sei und inwiefern dieser Satz zu Schillers erklärter Absicht passe, dass »die Darstellung des Übersinnlichen« der Zweck der Tragödie sei.

Nun hatte schon Lessing, in Anlehnung, d. h. in Uminterpretation des Aristoteles, das Mitleid in den Mittelpunkt seiner dramaturgischen Betrachtungen gestellt und die Furcht als selbstbezogenes Mitleid definiert. Im Gegensatz zu den französischen Interpreten betonte er in seinen ausführlichen Erörterungen des Katharsisproblems, dass die Tragödie keineswegs alle dargestellten Leidenschaften reinige, sondern nur die »philanthropischen Empfindungen« (77. Stück). »Der mitleidigste Mensch ist der beste Mensch«, hieß es schon 1756 in einem Brief an Nicolai, und entsprechend bestimmte er den Nutzen der Tragödie: »Sie soll unsre Fähigkeit, Mitleid zu fühlen, erweitern.« (13. Nov. 1756) Lessing mag Schiller, wie in vielem, auch dazu inspiriert haben, in der mitleidigen Empfindung die Absicht der Tragödie zu erkennen; aber im Zusammenhang von Schillers dramatischer Wirkungsästhetik erhält das Mitleid eine andere Funktion.

Für Schiller lösen alle Leiden der Tragödie im Zuschauer ein angemessenes »sympathetisches Leiden« aus: »Wir leiden mit.« (66,5) Das Pathetische als ein »künstliches Unglück« macht den Zuschauer derartig betroffen, als ob er selbst der leidende Held wäre. Der mitleidige Affekt wäre demnach die Summe aller Affekte, denen der Zuschauer ausgesetzt ist. »Also giebt es so viele Arten des Mitleidens, als es verschiedene Arten des ursprünglichen Leidens giebt: mitleidende Furcht, mitl. Schrecken, mitl. Angst, mitl. Entrüstung, mitl. Verzweiflung.« (66,8–12) Diese Liste ließe sich fortsetzen und differenzieren. Wichtig jedoch ist vor allem, dass die Furcht, von der Lessing als dem selbstbezogenen Mitleid sprach, hier völlig immanent dem Mitleid subsumiert wird. Der Dramatiker Schiller beherrscht die Skala der Affekte von der identifizierenden Sympathie bis zur furchtbaren Erschütterung, und er weiß, wie er diese Affekte variieren und steuern kann, bis das Mitleiden einen Grad erreicht hat, auf den der Zuschauer mit einer Gegenkraft reagiert, die ihn über allen sinnlichen Zwang erhebt und sein übersinnliches Vermögen in ihm wirksam werden lässt.

Für Aristoteles und Lessing gipfelte die Funktion der Tragödie in ihrer Katharsis. Der Zuschauer, der durch Mitleid und Furcht (so Lessing) erschüttert wurde, sollte am Ende der Tragödie von »diesen und dergleichen Leidenschaften« gereinigt werden, um seine »philanthropischen Empfindungen« ins Gleichgewicht zu bringen (77. Stück). Für Schiller sind die vielfältigen Formen des Mitleids immer noch wichtig für die Wirkung der Tragödie, aber nicht mehr im Sinne der Katharsis, sondern dazu, das übersinnliche Vermögen im Menschen zur Darstellung zu bringen. Diese Akzentverschiebung in der Mitleidstheorie macht deutlich, dass es Schiller schon 1792 nicht mehr um eine Erfahrung des Mitleids als einer »tugendhaften Fertigkeit« (Lessing) ging, sondern um das »sittliche Vermögen zum Widerstand«, das sich auf den »Beystand übersinnlicher, sittlicher Ideen« stützt (51,17). Schillers Erhabenheitspathos ist an die Stelle von Lessings »süßem Mitleid« getreten.

VI

Fassen wir nochmals die wichtigsten Kriterien zusammen, die Schillers Theorie vom »Pathetischerhabenen« bestimmen: Für Schiller ist die Tragödie der prägnanteste Ausdruck des Pathetischerhabenen. Als ihren »letzten Zweck« fordert er die Darstellung des übersinnlichen Prinzips im Menschen. Sie bereitet Vergnügen, da sie auf die mögliche Überwindung des Leidens und das Vermögen der Freiheit hinweist. Ihren Nutzen sieht Schiller darin, dass sie dieses Vermögen entwickelt, stärkt und möglicherweise zu einer moralischen Haltung ausbildet. Absicht, Nutzen und Vergnügen der Tragödie hängen aufs Engste mit Schillers Widerstandsästhetik zusammen, die ihrerseits in seinem dualistischen Weltbild und seiner idealistischen Weltanschauung begründet ist.

Doch wäre zu fragen, ob Schillers Dramaturgie, die den Stil seiner Dramen prägt, uns heute noch ansprechen kann. In einem Brief von Schiller an Johann Süvern heißt es: »Ich teile mit Ihnen die unbedingte Verehrung der Sophokleischen Tragödie, aber sie war eine Erscheinung ihrer Zeit, die nicht wieder kommen kann; und das lebendige Produkt einer individuellen, bestimmten Gegenwart einer ganz heterogenen Zeit zum Maßstab und Muster aufdringen, hieße die Kunst, die immer dynamisch und lebendig entstehen und wirken muß, eher töten als beleben.« (26. Juli 1800). Diese Dialektik von Vergangenheit und Gegenwart behandelte Schiller in seiner Abhandlung *Über naive und sentimentalische Dichtung*, um seine Theorie der modernen Dichtung zu rechtfertigen. Auch dort setzte er sich mit der Dichtung der griechischen Antike auseinander, die er als eine naive Form durchaus bewunderte; aber es ging ihm im Grunde um die Frage, »was der Dichtergeist in einem Zeitalter und unter Bedingungen wie die unsrigen für einen Weg zu nehmen habe« (an Herder, 4. November 1795). Wie seine Auseinandersetzung mit der *Poetik* des Aristoteles, vermittelt durch Lessings Kommentare, zeigte, passte er diese Tradition durch seine Auslegung der eigenen Epoche an. Ganz ähnlich verfährt auch die moderne Dramaturgie, sei es, dass sie die Wirklichkeit verfremdet, ironisch distanziert oder grotesk abbildet.

Der Stil von Schillers Dramen ist uns fremd geworden, was nicht heißen muss, sie aus einer falsch verstandenen Modernität leichtfertig auf den Schutthaufen der Geschichte zu werfen. Es hängt sehr davon ab, wie wir mit dieser klassischen Tradition umgehen: ob wir sie antiquarisch, aktualisierend oder historisierend betrachten.

Auch Schillers Theorie des Pathos ist so abgestanden nicht, wie oft behauptet wird; denn im Laufe der Entwicklung der literarischen Formensprache verwandelte sich auch diese literarische Ausdrucksform in eine neue Dramaturgie des Schreckens, der Grausamkeit und der Groteske, die noch immer auf der Bühne wirksam ist. Allerdings hat diese sich von Schillers Freiheitspathos abgekoppelt, um die Probleme und Katastrophen ihrer eigenen Zeit darzustellen.

Erst recht sollte die überraschende Wiederentdeckung des Erhabenen in der Postmoderne zu denken geben. Auch diese große Idee der abendländischen Philosophie und Ästhetik hat sich nicht einfach verflüchtigt, sondern erlebt unter einer neuen Perspektive Bedeutung für die Kunst der Gegenwart. Allerdings gilt es auch hier zu differenzieren. Selbst wenn Jean-Francois Lyotard in vielen seiner Arbeiten und Interviews – wie Schiller – an Kants Idee des Erhabenen anknüpft, so sind die historischen Unterschiede doch nicht zu übersehen. Während Schillers Ästhetik des Widerstands sich auf eine affirmative Ästhetik des Erhabenen im Sinne Kants beruft, welche die Freiheit des Menschen durch Kunst unangreifbar machen wollte, spricht Lyotards Ästhetik des Erhabenen nicht länger von der Darstellung der Freiheit und schon gar nicht von den großen Meistererzählungen der Befreiung, sondern verweist auf die Leerstelle dessen, was sich nach dem Holocaust nicht länger darstellen lässt, also den traumatischen Einschnitt von Auschwitz, dessen Schrecken unsere Vorstellungs- und Darstellungskraft übersteigt. Lyotards Ästhetik des Erhabenen hat uns auf die Bedeutung des Erhabenen für die moderne Kunst aufmerksam gemacht. Dadurch erscheint auch Schillers kantischer Begriff unter einer neuen Perspektive und wird historisiert; doch ob sich Schiller Dramaturgie des »Pathetischerhabenen« damit aktualisieren oder modernisieren lässt, bleibt die Frage.

Das macht nochmals auf die Entwicklung der dramatischen Formensprache aufmerksam, die nach Schiller »immer dynamisch und lebendig entstehen und wirken muß«. Ein historisches Verständnis der klassischen Dramentradition hat notwendigerweise ein doppeltes Interesse: Es muss sich der Ferne und Fremdheit der vergangenen Epoche bewusst bleiben und sie doch auch als aufgehoben in die eigene Gegenwart begreifen, kurz: man muss zum einen erkennen, was Dichtung abbildet, und zum anderen sich fragen, ob sie uns noch bildet. Dabei geht es für den Literaturhistoriker nicht um die leidige Frage nach der Aktualität Schillers, was allemal eine bloße Geschmacksfrage ist, sondern um die historischen Bedingungen, dramaturgischen Möglichkeiten und epochalen Grenzen von Schillers Dramentheorie. Von nichts anderem war in dieser Einführung die Rede.

Inhalt

Was kann eine gute stehende Schaubühne eigentlich wirken?	5
Ueber den Grund des Vergnügens an tragischen Gegenständen	22
Ueber die tragische Kunst	39
Das Pathetischerhabene	65
Ueber das Pathetische	69
Ueber das Erhabene	99
Ueber epische und dramatische Dichtung	118
Ueber den Gebrauch des Chors in der Tragödie	122
Tragödie und Comödie	133
Kommentare und Erläuterungen	137
Literaturhinweise	162
Nachwort	167